Inge Meyer-Dietrich

Plascha
oder:
Von kleinen Leuten und großen Träumen

Inge Meyer-Dietrich

Plascha

oder:
Von kleinen Leuten und großen Träumen

anrich

Eine Zeittafel
befindet sich auf den Seiten 223 und 224

Sonderausgabe
1995 Anrich Verlag GmbH, Weinheim

Einbandillustration: Karin Lechler
Einbandgestaltung: Bayerl & Ost GmbH, Frankfurt
Satz: Bercker Graphischer Betrieb, Kevelaer
Druck und Bindung: Druckhaus Beltz, Hemsbach
ISBN 3-89106-251-6

1. Kapitel

von Plascha mit den wilden Locken, von ihrer Familie und Nachbarn und Freunden, und ein bißchen vom Kalla mit dem großen Kopf.

Plascha rennt. Vom Turm der Herz-Jesu-Kirche schlägt es sechs. Um sechs Uhr sollte sie spätestens zu Hause sein, hat Mama gesagt. Plascha kriegt Seitenstechen vom Rennen; sie ist mal wieder zu lange mit Lisbeth beim alten Kulla geblieben.

Plascha befühlt im Laufen ihre Schürzentasche. Der alte Kulla hat ihr was mitgegeben für Mama, eine Handvoll Kaffeebohnen, echten Kaffee, da wird die Mama sich freuen!

Plascha rennt über den Kirchplatz und biegt in die Boltestraße ein. Mist. Hier sind am Nachmittag Kohlen geliefert worden, und etliche Zentner liegen noch auf dem Bürgersteig. Die Leute sind dabei, die Kohlen in Eimer und Kellerfenster zu schippen. Plascha muß viele kleine Umwege machen, das hält auf.

Und am Ende der Straße, gerade da, wo sie links abbiegen muß, sieht sie den Kalla Bonnenkamp um die Ecke kommen. Auch das noch!

Der Kalla ist gutmütig, der tut keiner Fliege was zuleide, sagt Mama.

Kann schon sein, aber Plascha ist sich da nicht so sicher. Die Mama weiß ja nicht, wie oft der Kalla von den Schulkindern gehänselt wird. „Kalla, Kalla, tropp, tropp, tropp, macht's in deinem Wasserkopp", schreien sie, oder sie kreisen den Kalla ein und rufen: „Kalla, Kalla, zähl bis zehn, und dann lassen wir dich gehn!"

Als ob der Kalla bis zehn zählen könnte! Nicht mal bis drei kann der zählen. Er hat einen zu großen Kopf, da ist

mehr Wasser drin als Hirn, sagen die Leute, und daß er wirklich nicht viel Hirn hat, das sieht man dem Kalla schon an, so wie der immer grinst.
Plascha hat nicht mitgerufen. Aber sie ist manchmal dabei gewesen und hat zugeguckt. Ob der Kalla sie erkennt?
Sie sieht, wie er von einer Bordsteinkante zur gegenüberliegenden geht. Mit beiden Armen rudert er durch die Luft, um sein Gleichgewicht zu halten, während er die Füße vorsichtig aufsetzt, immer genau einen Fuß vor den anderen, als wollte er ausmessen, wie breit die Straße ist.
Plascha kommt jetzt in seine Nähe, sie muß an ihm vorbei.
Der Kalla geht langsam in die Hocke und malt mit einem Stück Kohle einen dicken Strich auf die Bordsteinkante.
Seine Hände sind groß und breit und sehen zum Angstkriegen aus, genau wie sein Kopf. Den hebt der Kalla jetzt hoch, und er guckt Plascha an. „Da! Da!“ schreit er und wedelt wild mit seinen Händen durch die Luft, wobei er versucht, sich aufzurichten.
Plascha erschrickt und rennt in weitem Bogen um ihn herum, sie rennt, so schnell sie kann, trotz Seitenstechen, und sie wirft keinen Blick mehr zurück.
Erst als sie zu Hause ankommt und hinten in den Hof einbiegt, läuft sie langsamer.
Und sie atmet auf, als sie Mama mit der Lene Wawciniak im Garten hinter den Ställen reden hört.
Glück gehabt. Mama wird nicht merken, daß Plascha wieder einmal zu spät nach Hause kommt, und das ist gut so, denn Plascha mag nicht, wenn Mama traurig guckt.
In der Küche nimmt Plascha eine der Blechtassen vom Bord und holt die Kaffeebohnen aus ihrer Schürzenta-

sche. Der alte Kulla hat sie fest in Zeitungspapier gewikkelt. Plascha schüttet sie vorsichtig in die Tasse. Riechen die gut!
Und dann kommt Mama rein und riecht die Kaffeebohnen auch und guckt und staunt und freut sich genauso, wie Plascha es sich auf dem Heimweg vorgestellt hat.
„Richtiger Kaffee“, sagt Mama mit einem Kopfschütteln, „der alte Kulla ist ein lieber Kerl, ich muß ihn unbedingt mal wieder besuchen.“

Abends liegt Plascha im Bett und versucht, nicht einzuschlafen.
Sie hat sich fest vorgenommen, so lange zu beten, bis Mama kommt, und rollt sich immer wieder auf Mamas Seite, damit das Bett schön angewärmt bleibt.
Die Geschwister schlafen schon alle.
Sogar Franja, die Große. Aber die muß auch den ganzen Tag hart arbeiten, seit sie bei Kolpes in Stellung ist. Böden schrubben und Wäsche waschen und Berge von Kartoffeln schälen.
Plascha ist froh, daß sie noch nicht arbeiten gehen muß, obwohl es bei Kolpes alle Tage gutes Essen gibt. Und reichlich, sagt Franja.
Jetzt wälzt sich die große Schwester im Schlaf unruhig auf die andere Bettseite, wo Lischa schläft. Weck sie nicht auf, denkt Plascha, sie muß doch morgen früh als erste raus und Zeitungen austragen.
Der kleine Felix murmelt im Traum undeutlich etwas vor sich hin. Er schläft bei Lodja am Fußende.
Von Lodja hört man nichts, nicht einmal ihre Atemzüge. Sie ist auch nachts die Ruhigste von allen.
Und Plascha ist die Unruhigste aus der Familie. Die mit den wilden Locken. Plascha fällt immer so viel ein, was sie tun oder jemand erzählen muß; und sie kann nie lange damit warten.

Ein Wunder, meint Mama, daß Plascha in der Schule stillsitzen kann, denn nicht einmal im Schlaf liegt sie ruhig. Deshalb schläft sie mit Mama im großen Bett, seit der Papa im Krieg gegen die Franzosen kämpft. Die letzte Karte aus Frankreich hat er vor über drei Monaten geschrieben. Jeden Tag staubt Plascha die Karte ab, die oben auf der Kommode steht, und gibt dem Papa einen Kuß. Fünf Soldaten sieht man auf der Karte, Papa ist der zweite von links.

„Für Kaiser und Vaterland" steht in Druckschrift unter dem Foto, und was der Papa hinten drauf geschrieben hat, weiß Plascha auswendig.

„Ist Deutschland denn unser Vaterland?" hat Plascha verwundert gefragt, als Mama die Karte und den Spruch vorgelesen hat. „Wir sind doch Pollacken, oder?"

Daß die Mama so böse gucken kann! „Sei still", hat sie wütend gesagt, „weißt du denn nicht, was das für ein Schimpfwort ist?"

Aber dann hat sie nicht mehr so böse geguckt und Plascha auf den Schoß genommen. Sie hat lange erzählt: Von einem kleinen Dorf in der Nähe von Posen und von den Feldern und Wäldern ihrer Kindheit. So genau hat Plascha das alles nicht gewußt. Und daß einem die schönste Heimat nichts nützt, wenn es keine Arbeit gibt und man nicht satt werden kann.

Mama hat von dem Hirten an der Ruhr erzählt, der brennende Steine fand, die Kohle nämlich, und wie die ersten Zechen im Ruhrgebiet entstanden sind. Immer mehr und immer größere Zechen sind es geworden, und viele, viele Arbeiter brauchte man dafür.

Deshalb sind Menschen in großer Zahl an die Ruhr gekommen, auch aus anderen Ländern und besonders viele aus dem Osten, so wie Mama und Papa. Obwohl Mama schon lange hier lebt, spricht sie am liebsten polnisch und

ist stolz auf ihre Sprache. Es tut ihr weh, wenn die Einheimischen abfällig über die „Pollacken" reden.
Langsam versteht Plascha das alles.
Aber daß es überall Menschen gibt, die Fremde nicht leiden können, nur weil sie fremd und anders sind, das will Plascha nicht in den Kopf.
„Dabei gehören wir zu Deutschland", sagt Mama, „wir sind polnische Preußen, und deshalb muß dein Vater in den verrückten Krieg und gegen die Franzosen kämpfen."
Für Plascha klingt das verwirrend. Aber sie ist froh, daß Deutschland ihr Vaterland ist, genauso wie Lisbeths, denn Lisbeth ist ihre Freundin. Mama hat gesagt, zum Glück haben hier nicht alle Leute was gegen die Einwanderer. Und Lisbeth sagt nie „Pollacken" oder „rot und blau, Pollacksfrau". Lisbeth und ihre Familie, die sind in Ordnung.
Ihr Vater ist auch irgendwo in Frankreich, aber Lisbeths Mutter hat vorige Woche noch Post von ihm gekriegt.
Nur Plaschas Mama wartet jeden Tag vergeblich auf eine Karte oder einen Brief vom Papa, schon so viele Wochen lang.
„Vielleicht hat er 'ne andere gefunden, die Franzosen sollen doch so scheene Weiber haben", hat der Krakowiak gesagt, der die Post austrägt, und gelacht.
Da hat die Mama einen schmalen Mund gekriegt, Plascha hat es gesehn. Sie weiß, daß die Mama nicht glaubt, was der Krakowiak sagt. Aber die Mama hat Angst vor einem Brief mit schwarzem Rand.
Die Galonskas haben so einen gekriegt, als ihr Emil gefallen ist, und die Lisa Komorek hat der Mama aus ihrem Brief vorlesen wollen, in dem drinsteht, daß der Franek für Kaiser und Vaterland gefallen ist und die Ehre und so was. Aber die Lisa hat so geheult, daß man fast nichts verstanden hat, und die Mama hat ihr den Brief aus der

Hand genommen und den Arm um die Lisa gelegt, aber die hat bloß immer geschluchzt: „Und nicht mal ein Grab kann ich pflegen, die Eltern in Polen und der Mann bei den Franzosen!"
Ein Orden war in dem Brief, den hat die Lisa auf den Boden geschmissen und darauf gespuckt.

Plascha denkt, daß die Mama seitdem viel zu viele traurige Lieder singt, traurige polnische Lieder aus ihrer Kindheit.
Dabei mag Plascha viel lieber die lustigen Lieder, die Mama früher gesungen hat. Am liebsten mag sie das Lied von der Bauernhochzeit, aber das will Mama nicht mehr singen.
Komm schlafen, ich bin müde, denkt Plascha.
Mama sitzt nebenan in der Küche und strickt aus einem aufgeribbelten Pullover von Franek eine Jacke für Papa.
Plascha hört sie husten. Mamas Asthma ist in letzter Zeit schlimm geworden. Bei jedem Anfall hat Plascha Angst, die Mama könnte ersticken.
Wenn bloß der Papa nach Hause käme!
Wenn der blöde Krieg endlich zu Ende wär!
Fräulein Hölter hat den Kindern erklärt, daß die Männer in den Krieg ziehen und das Vaterland gegen die Feinde verteidigen müssen. Aber Plascha, die sonst so gut versteht, was Fräulein Hölter den Kindern beibringt, die Buchstaben und Zahlen und Lieder, Plascha glaubt das nicht.
Wenn Fräulein Hölters Vater oder Mann in Frankreich wäre, würde sie's vielleicht auch nicht glauben. Aber ihr Vater ist tot, und einen Mann hat sie nicht, nur eine Mutter und einen Kanarienvogel.
Und Mama hat neulich erst gesagt: „Wer sind denn unsere Feinde? Im Krieg sind immer die kleinen Leute die Dummen. Die werden sowieso nie gefragt. Da ist kein

Unterschied zwischen Deutschen und Polen, Franzosen und Russen."
Und sie hat die Schnippelbohnen noch schneller geschnippelt als sonst, als wenn sie den Krieg damit kurz und klein und zu Ende schnippeln könnte.

Heilige Maria, betet Plascha, heilige Maria, mach, daß sie aufhören mit dem Krieg, und schick den Papa nach Hause, dann singt die Mama wieder das Lied von der Bauernhochzeit, und alles wird gut.
Plascha gähnt. Sie rollt sich noch mal auf Mamas Seite und drückt ihr Gesicht in das kühle grobe Bettzeug, und dann kann sie nicht mehr beten, weil ihr die Augen zufallen, bevor Mama die Petroleumlampe ausmacht.

Sie schläft noch, als Mama ihr morgens sanft die Bettdecke wegzieht und die beiden großen Schwestern längst aus dem Haus sind.
Plascha wäscht sich gründlich in der weißen Emailleschüssel mit blauem Rand, obwohl sie das kalte Wasser nicht mag. Gestern abend hat sie ihre Hände geschrubbt, bis sie ganz rot und schrumpelig waren, und jetzt schrubbt sie sie noch einmal, damit Fräulein Hölter ja nichts mehr von dem Kohlenstaub sieht, der unter die Fingernägel und in die Hautritzen kriecht, wenn Plascha Kohlen aus dem Keller holt und in den Ofen schüttet.
Nur die besten Schüler dürfen für Fräulein Hölter das Pausenbrot holen, und saubere Hände sind Ehrensache.
Plascha bürstet ihre wilden Locken, bevor Mama sich mit dem Staubkamm daranmacht und anschließend zwei brave Zöpfe flicht.
Das Kämmen mit dem Staubkamm ziept, aber Mama ist eisern, sie haßt Läuse und paßt auf, daß ihre Kinder keine einschleppen.

Plascha denkt schnell an was Schönes, dann vergißt sie das Ziepen. Sie denkt an die helle Wohnung, in der Fräulein Hölter mit ihrer Mutter wohnt. Sie haben drei große Zimmer, obwohl sie nur zu zweit sind, und schöne Bilder, Blumenstöcke, den sonnengelben Kanarienvogel und sogar ein Klavier.
Die Mutter von Fräulein Hölter schenkt Plascha jedesmal, wenn sie das Pausenbrot abholt, ein buntes Heiligenbild.
Manchmal streicht sie ihr über den Kopf und sagt: „Bist ein braves Mädchen, Paula, und was du für schöne Haare hast."
Plascha heißt eigentlich Pelagia, das ist ein Name aus Polen; aber in der deutschen Schule wird sie Paula genannt. Anfangs hat sie sich nicht daran gewöhnen können und ist immer sitzen geblieben, wenn Fräulein Hölter sie aufgerufen hat.
Plascha mit den drei Namen.
Im polnischen Unterricht, in den sie am Dienstagnachmittag mit Lodja geht, wird sie Pelagia genannt, jedenfalls von Lehrer Wardaschka. Aber zu Hause sagen alle Plascha, und Mama sagt es am schönsten, ganz weich, und das erste a ist viel länger als das zweite.

Die Zöpfe sind fertig. Der heiße Pfefferminztee steht schon auf dem Küchentisch. Dazu kriegt jeder eine Pellkartoffel, denn das Brot wird immer knapper.
Plaschas Gedanken laufen davon, schon frühmorgens. Jetzt sind sie bei den Heiligenbildchen, die Fräulein Hölters Mutter ihr schenkt.
Sechs Marienbilder hat Plascha, eins doppelt, aber die anderen sind alle verschieden. Ein Bild vom heiligen Franziskus mit den Tieren ist dabei, den mag Plascha besonders, drei von der heiligen Barbara, der Schutzpatronin der Bergleute, eins vom Daniel in der Löwengrube

und zwölf verschiedene von der heiligen Familie in Nazareth.
Plascha sammelt die Bildchen in einer Blechbüchse. Und manchmal übt sie vor dem Spiegel, so fromm zu gucken wie die Mutter Gottes oder wie die heilige Barbara. Aber es will ihr nicht gelingen.
Vielleicht, wenn ich groß bin, denkt Plascha, vielleicht geht's dann leichter. Sie möchte gerne eine Heilige werden. Die Heiligen sind immer so schön und haben feine Kleider, und an Gottes Thron dürfen sie singen bis in alle Ewigkeit.
Plascha singt oft, genau wie ihre Mama. Aber bis in alle Ewigkeit – wie lange das wohl dauert?
An Lodjas Erster Kommunion hat Plascha mit dem Pfarrer darüber gesprochen, daß sie eine Heilige werden will, und der Pfarrer hat sie gelobt. Aber Ewigkeit hat er Plascha auch nicht richtig erklären können. Und der Nachbar hat zugehört, der Wawciniak, der schon seit dreißig Jahren auf dem Pütt arbeitet und fünfzig Prozent Steinstaub hat, der hat dem Pfarrer bloß ins Gesicht gelacht und gesagt:
„Ihr mit eurer Ewigkeit und den Heiligen! Damit will uns die Kirche doch bloß für dumm verkaufen, damit wir schön stillhalten in unserm Elend!"
Da hat der Pfarrer seine Stirn gerunzelt und streng gesagt: „Lassen Sie dem Kind seinen Glauben, Sie alter Sozi!"
Sozi ist wohl das Gegenteil von heilig, denkt Plascha, und der Wawciniak ist auch nicht schön, kein bißchen, und wenn er am Zahltag gesoffen hat und grölend durch die Sedanstraße zieht, das wär bestimmt kein Gesang für den lieben Gott in alle Ewigkeit!
Aber sonst ist der Wawciniak in Ordnung. Er ist der einzige Mann im Haus, der nicht in den Krieg mußte.
„Mit so 'ner kaputten Lunge geht nix mehr für Kaiser

und Vaterland", sagt der Wawciniak grinsend, aber Kohle machen kann er noch und hilfsbereit ist er immer, sagt Mama.
Bloß wenn er seinen Priem im Hausflur ausspuckt, ärgert sie sich.

Plascha springt auf und stolpert fast über den kleinen Felix. Der hat seine warme Ziegenmilch getrunken und spielt am Boden mit dem Holzpferdchen, das nur noch drei Beine hat.
Lodja wartet schon an der Tür. Mama nickt den Mädchen zu.
Plascha freut sich auf die Schule. Fräulein Hölter liest oft Geschichten vor, dann hört Plascha zu, ohne sich zu bewegen, die wilde, unruhige Plascha, dann merkt sie gar nicht, wie die Zeit vergeht.
Sie hüpft neben Lodja her. Ein immer größer werdendes Rudel Kinder zieht zur Deutschen-Reich-Schule.
Allein bei Plascha im Haus wohnen elf Schulkinder: sie und Lodja, die Fine, der Karl und der Ötte Wawciniak, und oben die vier Strelcyks und die beiden Wischnewskis.
Eigentlich gehört Klärchen Wischnewski auch in die Schule, sie ist so alt wie Lodja, aber sie ist nicht ganz richtig im Kopf. Wenn die Sonne scheint, sitzt sie mit ihrer Strickliesel aus einem Garnröllchen und vier Nägeln draußen auf der Treppe und macht bunte Schnüre, ellenlange bunte Schnüre. Plascha kann sich nicht vorstellen, wozu man die alle braucht.

Lisbeth wohnt ein paar Straßen weiter in einem ähnlichen Haus wie Plascha, aber es stehen keine polnischen Namen an der Haustür. Lisbeth hat schon gewartet. Hand in Hand gehen die Freundinnen zur Schule; sie haben beide himmelblaue Schleifen in den Zöpfen.

Lodja geht mit den Mädchen aus ihrer Klasse. Sie freut sich nicht auf die Schule. Sie hat auch keine nette Lehrerin wie Fräulein Hölter, die Geschichten vorliest und für die sie das Pausenbrot holen darf.
Lodja hat den strengen Herrn Graute, der dauernd schreit und mit dem dünnen Stöckchen den Kindern auf die Fingerspitzen schlägt, bei jeder Kleinigkeit; und mit Polenkindern ist er besonders streng.
Ein Glück, daß Lodja so still und ordentlich ist, sonst hätte sie's vielleicht so schwer wie der Ötte Wawciniak, den hat der Graute schon lange auf dem Kieker.
Es ist Ende Oktober und ziemlich kalt. Plascha friert in der Strickjacke, die vor ihr schon Franja gehört hat und Lischa und Lodja. Aber Plascha guckt zufrieden in den blauen Himmel und weiß, daß es mittags wärmer und bestimmt nicht regnen wird, dann kann sie mit Lisbeth in die Wieschermühle, Heu machen für die Hippen, ihre Ziegen. Und das ist immer ein kleines Fest.

2. Kapitel

von Ötte und Graute, von einem Nachmittag in der Wieschermühle und einem Abend in der Küche mit Reibeplätzchen.

Als Plascha mittags aus der Schule kommt, steht der kleine Felix im Hof vor einem riesigen Spinnennetz, das glitzert in der Sonne. Er hat Fliegen gefangen und füttert damit die dicke Spinne, die in dem riesigen Netz sitzt.
„Die hat ganz viel Hunger", verkündet er fröhlich.
„Und ich erst", sagt Plascha. Ihr hat in der letzten Schulstunde so laut der Magen geknurrt, daß sich sogar der Heini Sippel und der August Barken grinsend umgedreht haben; und die sitzen drei Reihen vor ihr, die Blödmänner.
Felix verfüttert seine letzte Fliege.
Plascha nimmt ihn an die Hand und geht mit ihm ins Haus.

Es gibt Polefke, Pellkartoffelscheiben in einer dünnen Suppe, und darüber gießt sich jeder etwas Ziegenmilch. „Wenn wir die Hippe nicht hätten", sagt Mama oft. Denn je länger der Krieg dauert, umso weniger gibt es zu essen.
Mama hat ihr Stück Garten hinterm Haus vollgepflanzt mit Kartoffeln, Bohnen, Kohl und Porree. Plascha hätte so gerne einen Fliederbusch und Maiglöckchen und Vergißmeinnicht wie Fräulein Hölters Mutter und die Kolpes, aber Mama sagt, daß sie für so was keinen Platz haben. Schöne Gärten, das wär was für reiche Leute.
Mama hat sogar noch ein Stück Land von der Zeche gepachtet für Kartoffeln und Gemüse, um einigermaßen über die Runden zu kommen.

Manchmal bringt Franja ein bißchen Suppenfleisch mit oder Knochen von Kolpes Hof und zu den Feiertagen auch ein paar Würste.
Mamas Geld reicht selten für Fleisch oder Wurst.
Und was es gegen Bezugsscheine gibt, wird immer weniger, davon kann man nicht leben und nicht sterben.

„Darf ich nachher mit Lisbeth in die Wieschermühle, Heu machen für die Hippen?“ fragt Plascha. „Es ist vielleicht das letzte Mal, bevor es zu kalt wird.“
Mama nickt.
„Ich will auch mit“, bettelt Felix.
„Meinetwegen, aber nur, wenn du wieder das Kind bist“, bestimmt Plascha. Felix wäre gern mal der Vater, aber da ist nichts zu machen, nicht mit Plascha und Lisbeth.
„Ich durfte heute wieder das Pausenbrot für Fräulein Hölter holen“, sprudelt es aus Plascha heraus, „und ich hab ein Bild von der heiligen Anna gekriegt.“
„Zeig!“ ruft Felix sofort, aber Mama sagt: „Jetzt wird erst mal gegessen.“ Felix will immer mit Plaschas bunten Heiligenbildchen spielen, doch sie mag sie ihm nicht geben, weil er Eselsohren reinmacht, und der Daniel in der Löwengrube hat schon einen Fettfleck auf der Brust.

Nach dem Essen geht Mama mit Lischa Mist fahren. Plascha und Lodja waschen ab. Dann machen sie am Küchentisch ihre Schularbeiten.
„Der Graute hatte seine Schnurrbartspitzen heute mal wieder runterhängen“, sagt Lodja, während sie die erste Strophe von ‚Deutschland, Deutschland über alles‘ in Schönschrift abschreibt.
O je! Plascha weiß, was das bedeutet. Als Fräulein Hölter krank war, ist der Graute manchmal in ihre Klasse gekommen. Die ganze Schule weiß es: Wenn der Graute besonders schlecht gelaunt ist, hängen seine Schnurrbart-

spitzen nach unten, und nur, wenn er extra gute Laune hat, sind sie wunderschön nach oben gezwirbelt. Doch das kommt selten vor. Meistens zeigen Grautes Schnurrbartspitzen zur Seite, und dann ist es schon schwer genug, mit ihm auszukommen. Aber wenn sie frühmorgens runterhängen...

„Hast du auch was abgekriegt?“ fragt Plascha die Schwester.

„Nur die Strafarbeit, die wir alle aufhaben“, antwortet Lodja, „zehnmal in Schönschrift ‚Deutschland, Deutschland über alles‘, die erste Strophe.“

„Und der Ötte?“ fragt Plascha.

„Den hat er natürlich mal wieder verhauen“, sagt Lodja zornig. „Dabei hat der Ötte gar nichts gemacht, nur den Graute angeguckt. Wir müssen den Graute ja immer angucken, weil er sonst denkt, wir passen nicht auf.“

Plascha nickt, sie kennt das von den paar Stunden, die der Graute in ihrer Klasse war.

„‚Glotz mich nicht so unverschämt an, Wawciniak‘, hat der Graute plötzlich gebrüllt.

Aber der Ötte hat ruhig geantwortet: ‚Ich guck ganz normal, Herr Graute.‘ Und schon hat sich der Graute wieder auf den Ötte gestürzt und losgedroschen, ich konnte nicht hingucken.

Der Ötte hat keinen Mucks gesagt!

Bis der Graute geschrien hat: ‚Dreckiger Pollack, du, deine Frechheit werd ich dir schon noch rausprügeln.‘

Da hat der Ötte tief Luft geholt und wollte was sagen, das hab ich gesehn, aber der Graute hat ihm eine Ohrfeige gegeben, daß es den Ötte fast umgeschmissen hat, und der Graute ist rausgerannt aus der Klasse, weil gerade die große Pause anfing.

‚Dem zahl ich's heim‘, hat der Ötte gesagt und sich die rote Backe gehalten. ‚Dem zahl ich's heim, da könnt ihr Gift drauf nehmen.‘

Und das macht er auch", sagt Lodja leise, „der Ötte hat Mut."
„Aber gegen den Graute kommt er nicht an." Plascha schüttelt den Kopf. „Gegen den ekligen Kerl kommt niemand an."
„Irgendwann vielleicht doch." Lodja sagt das so bestimmt, als sei sie ganz sicher. Und dann schreibt sie zum drittenmal: ‚Deutschland, Deutschland über alles, über alles in der Welt.'
Plascha guckt ihrer Schwester zu und denkt nach. So viel redet die Lodja selten. Sie muß eine große Wut im Bauch haben, immer noch, wie sie da sitzt und einen Buchstaben neben den anderen malt.
„Der soll sich sein Deutschland irgendwohin stecken", murmelt sie aufsässig, Lodja, die sonst so still und friedlich ist.

„Ich geh jetzt", sagt Plascha und räumt ihre Sachen weg.
Sie guckt in den Brotkasten. Der ist wieder mal leer. Ein paar kalte Pellkartoffeln sind noch im Topf. Plascha steckt die zwei dicksten in ihre Schürzentasche. Am liebsten würde sie gleich eine essen, sie hat schon wieder Hunger. Aber die Kartoffeln sind für den Nachmittag.
Felix spielt mit Willi Wawciniak im Hof. Ob der Willi auch mal so mutig wird wie Ötte, sein großer Bruder? Plascha kann sich das nicht vorstellen. Der Willi ist vier wie der Felix, aber kleiner und dünner und hat immer eine Rotznase.
Jetzt will er unbedingt mit in die Wieschermühle. Plascha überlegt. Gut, denkt sie, ein Kind ist wirklich ein bißchen wenig, und der Willi darf mit in die Wieschermühle zum Heumachen.
Sie setzt die beiden Jungen in das Leiterwägelchen, nimmt die Hippe am Strick und geht zu Lisbeth.

Die hilft ihrer Mutter im Garten und ist froh, daß Plascha kommt, denn Heu machen ist schöner als Unkraut jäten.
Lisbeth holt ihre Hippe aus dem Stall und die Sichel, dann macht sich die kleine Karawane auf den Weg, der über eine halbe Stunde dauert.
Plascha weiß nicht, ob wirklich mal eine Mühle dort gestanden hat, wo sie jetzt hingehen. Riesige Aschenhalden neben grünen Wiesen, Wiesen, die niemand gehören, oder wahrscheinlich der Zeche, aber keiner kommt und mäht das Gras. Es gibt auch einen kleinen Bach und den Schlammteich, und viele Himbeer- und Brombeersträucher; aber um diese Jahreszeit sind die längst abgeerntet.
Plascha und Lisbeth kennen eine Menge Lieder, die sie bei Fräulein Hölter gelernt haben, die schmettern sie jetzt in die Gegend. Plascha ist richtig übermütig, so freut sie sich auf den Nachmittag.

Als sie zum Schlammteich kommen, tauchen plötzlich der Heini Sippel und der August Barken hinter einem Holunderstrauch auf. Ausgerechnet die beiden. Lisbeth wirft Plascha einen Blick zu, aber da stellt sich der August schon vor Plascha hin, grinst wie heute morgen in der Schule und leiert seinen Lieblingsspruch herunter:
„Du bist Pollack, ich bin Hesse, was ich scheiße, mußt du fresse!"
Da blitzt es in Plaschas Augen auf, und ehe der August sich versieht, haut sie ihm eine runter und schreit: „Hesse, Hesse, Eierfresse!" Und weil sie ganz schnell weiterkommen will, fährt sie dem August mit dem Leiterwägelchen übern Fuß.
Da läßt der August ein schreckliches Geheul los und will sich auf Plascha stürzen, aber die stellt ihm ein Bein, und der August fliegt der Länge nach in den Dreck.

Der Heini Sippel steht daneben und gafft. Er ist der Sohn vom Bäcker Sippel und war immer ziemlich fett. Deshalb hieß er nur der dicke Heini. Aber seit der Ernte im letzten Jahr mit dem wenigen Getreide und den faulen Kartoffeln ist sogar der Heini dünn geworden wie alle anderen Kinder auch, erst recht im langen kalten Steckrübenwinter, der danach kam.
Selbst das Mehl zum Brotbacken wurde mit durchgedrehten Steckrüben vermischt, weil es sonst nichts gab; und da hat der Heini allmählich sein ganzes Fett verloren.
Aber beweglicher ist er trotzdem nicht geworden, er geht so träge wie früher. Jetzt steht er immer noch da mit offenem Mund.
„Zieht endlich Leine", schreit Lisbeth wütend und tritt dem Heini mit voller Wucht gegen das Schienbein, und die beiden kleinen Jungen im Leiterwägelchen johlen und brüllen, und die Hippen werden unruhig und zerren an ihren Stricken.
Da hauen sie endlich ab, der Heini und der August.
„Die sind wir los, die Doofmänner." Plascha pfeift laut und fröhlich vor sich hin. Wenn Fräulein Hölter das hören könnte! Die würde sagen: Mädchen, die pfeifen, und Hühnern, die krah'n, denen muß man beizeiten die Hälse umdreh'n!
Deswegen pfeift Plascha immer nur, wenn kein Erwachsener in der Nähe ist. Aber lange macht sie das nicht mehr. Sie kann Ungerechtigkeit nicht leiden, und was die Jungen können, kann sie auch.

Die Kinder kommen zu ihrer Lieblingswiese. Sie spielen Räuber und Gendarm, Hochzeit und Kinderkriegen, Schule und Lazarett.
Lisbeth ist die Braut und Plascha der Bräutigam. Felix und Willi sind die Führengelchen und gehen dem Paar

voran und streuen mit beiden Händen Gänseblümchen, und als der Hochzeitstanz beginnt, drehen und wiegen die beiden sich mit, wenn auch ein bißchen unbeholfen.

Einmal purzelt der Felix über den Willi und beide landen im Gras.

Der Willi heult, weil er sich wehgetan hat, und als Plascha ihm auf die Beine hilft, spürt sie plötzlich einen Stich in ihrem linken Daumen, so heftig, daß auch ihr die Tränen kommen. Eine Wespe!

Plascha steckt sofort ihren Daumen in den Mund, saugt das Gift aus der Wunde und spuckt es in hohem Bogen aus.

Sie wischt sich die Tränen weg. Sie will, daß der Nachmittag schön bleibt.

Der Daumen wird dick, aber Plascha tut ganz viel Spukke drauf. Spucke hilft gegen alles.

Das Hochzeitsessen schmeckt vielleicht gut: Plaschas Pellkartoffeln und die Äpfel, die Lisbeth mitgebracht hat, werden redlich unter alle vier Kinder geteilt; jeder bekommt seine Portion auf einem großen grünen Blatt serviert.

Plascha ruft: „Augen zumachen!"

Und dann stellen sie sich vor, es gäbe einen Braten, und sie würden alle richtig satt davon.

Wenn man sich etwas ganz fest vorstellt, dann ist es beinah wie in Wirklichkeit.

Die Arbeit kommt nicht zu kurz. Als sie an der Sonne sehen, daß es Zeit ist heimzukehren, haben die Mädchen den kleinen Leiterwagen vollgepackt mit Gras. Sie setzen Felix und Willi obendrauf und ziehen singend nach Hause.

Sie müssen sich beeilen. Es wird schon dunkel. Der Himmel hinter der Zeche Heinrich-Gustav glüht rot. Die Räder des Förderturms drehn sich. Aus dem Zechentor

kommt Lisa Komorek, Mamas Freundin, und geht mit ihnen nach Hause.
Franja hat auch schon Feierabend, weil sie heute morgen zwei Stunden früher bei Kolpes anfangen mußte. Und sie hat eine große Tasche voll Kartoffelschalen mitgebracht.
So eine Freude!
Plascha und Lodja drehen die Kartoffelschalen durch den Fleischwolf und machen Reibeplätzchen direkt auf der Platte vom Kohleherd, da braucht man kein Fett dazu.
Es gibt eine Menge Reibeplätzchen; die Wawciniaks kriegen auch welche ab. Zwar wird es ein bißchen eng in der Küche, aber Plascha mag solche Abende.
Der Wawciniak spendiert eine Kanne Bier.
Da holt die Lisa ihre Ziehharmonika und spielt die alten polnischen Lieder, eins und noch eins, und alle singen mit. Mama lacht endlich wieder und singt das Lied von der Bauernhochzeit, das lustige, das Plascha so gerne mag.
Und dann erzählen die Großen von früher, das findet Plascha am schönsten. Wenn der Wawciniak ein bißchen Bier getrunken hat, hört er gar nicht mehr auf zu reden.
Vom Stanis Gruscyk, dem stärksten Mann in seinem Heimatdorf in der Provinz Posen, weiß der Wawciniak immer neue Geschichten, was der Stanis mit dem ellenlangen Bart alles entzwei gekriegt hat, Baumstämme und dicke Eisenketten, und wie er den geizigen Gutsherrn Slopatka nach Strich und Faden verdroschen hat, haha, der Wawciniak lacht, bis ihm die Tränen kommen.
Und von Mitka erzählt er, die dreiundzwanzig Kinder hatte und immer noch aussah wie ein junges Mädchen mit zwei dicken, langen Zöpfen; und keine in der ganzen Provinz konnte tanzen wie sie.

Aber vom Pütt und vom Papa spricht der Wawciniak auch. Sie haben lange in einer Kameradschaft auf der Zeche unter Tage gearbeitet; der Papa war gern mit dem Wawciniak zusammen.
Plascha möchte die ganze Nacht in der Küche sitzen und zuhören. Aber dann drängt die Lene Wawciniak energisch zum Aufbruch. Sie geht dauernd rüber und guckt nach der kleinen Hermine, die schon seit zwei Tagen fiebernd im Bett liegt.
Und der Wawciniak hat morgen Frühschicht, da ist die Nacht sowieso zu kurz.
Der Felix ist auf Mamas Schoß eingeschlafen, Mama trägt ihn vorsichtig ins Bett.
Und Plascha flicht sich die Zöpfe neu für die Nacht, damit ihre Haare nicht so verzotteln, und dabei muß sie an Mitka denken und an ihre dreiundzwanzig Kinder.

3. Kapitel

von der kleinen Hermine, vom Klärchen mit den bunten Schnüren und von Oma Doppka, die pinkelt, wohin sie will.

Am anderen Morgen steht Plascha summend auf. Sie hat noch die Lieder von gestern abend im Kopf. Und die ganze Zeit in der Schule hört sie die Lisa Komorek Ziehharmonika spielen und Mama singen und muß aufpassen, daß sie nicht mit den Füßen den Takt dazu schlägt.

Nachmittags geht sie zusammen mit Lodja in den polnischen Unterricht. „Wollt ihr noch ein bißchen singen, oder soll ich euch vorlesen?" fragt Lehrer Wardaschka am Schluß, und Plascha ruft schnell: „Lieder singen!"

Sie singt so laut, daß Lodja sagt: „Brüll nicht so!" – aber deswegen singt Plascha kein bißchen leiser, und auf dem Heimweg singt sie immer noch.

Da kommt ihnen der Ötte entgegengerannt, als wär der Teufel hinter ihm her, und er bleibt nicht mal stehen, als Lodja fragt: „Was ist denn los, und warum warst du heute nicht im polnischen Unterricht?"

„Hermine hat Krämpfe", schreit der Ötte und ist schon ein ganzes Stück weiter, und sie sehen, daß er zum Pfarrhaus rennt.

Da ist Plaschas Ausgelassenheit mit einemmal vorbei.

Letztes Jahr haben sie den Stephan Strelcyk begraben, der ist an Krämpfen gestorben. Und Plascha erinnert sich ein bißchen an ihren kleinen Bruder Leo, der hatte auch Krämpfe und war nach wenigen Tagen tot.

Plascha weiß nur noch, daß der Leo braune Locken hatte wie sie. Er lag in einem weißen Kindersarg, und Plascha konnte einfach nicht begreifen, daß er sich nicht mehr

bewegte; sie war damals noch klein. Sie hat den Leo angefaßt, als er in der Küche aufgebahrt lag und die Kerzen brannten, aber sie hat ihre Hand sofort wieder zurückgezogen, so steif war der Leo und so kalt.
Den Sarg um den Leo herum hatten sie ganz mit Heiligenbildchen ausgelegt, wunderschöne bunte, eins neben dem anderen.
Und auf dem Friedhof, als die Männer vom Polenverein den Sarg in die Erde gesenkt und ihre weißen Stoffhandschuhe hinterher geworfen haben, da hat Plascha gedacht, daß es schade ist um die Heiligenbildchen, weil der Leo ja doch nicht mehr damit spielen kann, so mausetot, wie der ist. Die Mama hat damals lange geweint, und der Papa war gar nicht mehr lustig. Aber bald hat die Mama wieder einen dicken Bauch gehabt, und als der Felix geboren ist, wurde langsam alles wie früher.
Bloß nicht lange, denn der Felix konnte gerade ein bißchen laufen, da mußte der Papa schon in den Krieg.
Und Krieg ist das Schlimmste, was Plascha sich denken kann, weil man so oft Hunger hat und Angst um den Papa, mehr Angst, als wenn er auf der Zeche unter Tage arbeitet.
Es hat schon oft Grubenunglücke gegeben, bei denen Kumpels tödlich verunglückt sind; aber im Krieg, da sterben noch viel, viel mehr Menschen. Sonntags nach der Messe geht die Mama oft zum Friedhof an Leos Grab. Manchmal geht Plascha mit, dann betet sie ein paar ‚Vater unser' und ein paar ‚Gegrüßet seist du Maria' und denkt an den Leo, der sich nicht gerührt hat, und an die bunten Heiligenbildchen und ist froh, wenn sie wieder gehen.
Plascha mag auf dem Friedhof lieber das Feld mit den schönen alten Grabsteinen, da liest sie laut für sich die Namen und rechnet sich aus, wie alt die Leute geworden sind, und stellt sich vor, wie sie wohl ausgesehen haben.

Und wenn ihr ein Name besonders gefällt, findet sie es schade, daß sie den Menschen nicht kennt.

Jetzt hat die kleine Hermine Krämpfe und kommt auch vielleicht bald auf den Friedhof und ist noch nicht mal zwei Jahre alt.
Als Plascha und Lodja heimkommen, sitzen die großen Mädchen aus dem Haus auf den Steinstufen vor der Tür. Sie stricken oder stopfen Strümpfe, flüstern miteinander und machen besorgte Gesichter.
Plascha geht in den Stall und füttert die Hippe. Als sie nachher ins Haus kommt, riecht es im Flur nach Weihrauch. Der Pfarrer ist bei der kleinen Hermine.
Mama ist aufgeregt, das sieht Plascha sofort, denn Mama geht immer wieder mit dem schweren Bügeleisen über das Bettuch, das längst glatt ist.
Später teilt sie die dünne Graupensuppe aus, ohne ein Wort zu sagen. Und Plascha und ihre Geschwister sind so still wie sonst nie; sie horchen auf die Geräusche aus der Wohnung gegenüber.
Plötzlich hören sie lautes Weinen, und alle wissen, was das bedeutet, sogar der Felix. Tränen laufen über Mamas Gesicht. Sie schickt die Kinder früh schlafen und geht zu den Wawciniaks hinüber. Die Nachbarn helfen sich immer gegenseitig, ob einer geboren wird oder stirbt.
Plascha liegt im Bett und hält ihre Maupa im Arm. „Du kannst wenigstens nicht sterben“, flüstert sie und drückt ihre Flickenpuppe an sich. Plascha betet, daß die Franzosen den Papa nicht totschießen sollen, und daß die kleine Hermine schnell in den Himmel kommt und nie mehr Hunger hat oder Schmerzen.
Fräulein Hölter hat im Religionsunterricht gesagt, daß Gott die unschuldigen kleinen Kinder am liebsten mag und daß sie deshalb sofort in den Himmel kommen, wenn sie sterben. Plascha hat gestaunt, woher Fräulein

Hölter das so genau weiß; und jetzt ist die Hermine vielleicht schon ein Engel an Gottes Thron.
Bloß singen kann sie nicht, denkt Plascha. Aber vielleicht lernt sie das im Himmel? Ob sie überhaupt ein Engel werden kann, wenn der Vater Sozi ist? Plascha muß mal den Pfarrer fragen. Aber so ungerecht kann der liebe Gott doch nicht sein?
Plascha schläft noch nicht, als Mama ins Bett kommt. Sie rückt ganz nah an Mama heran, an ihren warmen, weichen Körper, und schläft endlich ein. Sie träumt von schwarzen und weißen Särgen, von Blumen, Kränzen und Heiligenbildchen. Der Kirchenchor singt: ‚So nimm denn meine Hände', und als Plascha aufwacht, da fühlt sie noch salzige Spuren auf ihrem Gesicht.

Nach der Schule gehen Plascha und Lodja zu den Wawciniaks hinüber. Mit Hermine ist alles genauso wie damals mit Leo. Der kleine Sarg und die Heiligenbildchen. Plascha weiß, daß Mama die kleine Hermine gewaschen und angezogen hat. Es ist so Brauch, daß die Nachbarn die Toten waschen.
In ihrem Sonntagskleid liegt die Hermine da, und die Lene Wawciniak steht neben dem Sarg und hat dicke, rotverweinte Augen.
Plötzlich kommt Klärchen Wischnewski herein, Klärchen, die einen Stock höher wohnt und nichts anderes kann als mit ihrer Strickliesel Schnüre machen, weil sie im Kopf nicht ganz richtig ist.
Sie steht in der Tür und starrt auf die tote Hermine, hat eine lange bunte Wollschnur in der Hand und sagt: „Da."
„Hau ab", sagt der kleine Willi und will Klärchen aus der Tür schieben, „was soll die Hermine denn mit deiner blöden Schnur?"
Aber der Ötte nimmt Klärchen einfach bei der Hand,

geht mit ihr die zwei Schritte zum Sarg und sagt: „Gib ihr nur deine bunte Schnur, sie hat deine Schnüre gerne gemocht."
Da legt das Klärchen der Hermine die bunte Schnur um, langsam und feierlich, als wär die Schnur eine kostbare Kette. Und Klärchen sieht richtig glücklich aus.

Am anderen Tag ist die Beerdigung. Aus der Nachbarschaft gehen viele Leute mit.
Als die Männer vom Polenverein den Sarg mit Hermine in die Erde senken, fängt die Lene schrecklich zu weinen an. Der Wawciniak steht neben seiner Frau, streicht ihr mit seinen rissigen, schwieligen Händen unbeholfen über den schmalen Rücken, und Plascha denkt, daß er das Trösten erst üben muß.
Ötte steht mit verschlossenem Gesicht neben seinen Eltern; er hat den kleinen Willi an der Hand, der ausnahmsweise keine Rotznase hat. Die Fine und der Karl, die sonst nur Unsinn im Kopf haben, halten kleine Asternsträuße in den Händen. So traurig hat Plascha die beiden noch nie gesehen.
Der Pfarrer sagt, daß der kleinen Hermine viel erspart worden sei, das Leben in diesen Zeiten sei selbst für die kleinsten Kinder schwer, und im Jenseits habe die Hermine nun keine Sorgen und könne der ewigen Herrlichkeit Gottes teilhaftig werden.
Plascha denkt, schon wieder das Wort ‚ewig', und sie findet es ungerecht, daß es im Himmel ewig herrlich und friedlich ist, und hier auf Erden machen die Menschen Krieg und bringen sich um und haben nicht genug zu essen.
Der Wawciniak muß was Ähnliches denken, er guckt richtig wütend.
Warum hat Gott die Menschen bloß so gemacht, wenn er doch allmächtig ist, denkt Plascha, wenn ich Gott wär,

ich würde die Menschen anders machen, und ich würde die Kartoffelernte nie verfaulen lassen und keinen Hagel schicken und nicht solche Kälte im Winter...
Während Plascha sich noch ausmalt, was sie alles anders machen würde, wenn sie Gott wär, ist die Beerdigung schon zu Ende, und sie gehen alle zusammen zu den Wawciniaks.
Mama hat bei sämtlichen Nachbarn Lebensmittel gesammelt für zwei große Bleche Streuselkuchen. Die hat sie zum Bäcker Sippel gebracht, und der hat sie in seinem großen Backofen gebacken.
Im Nu sind die beiden Bleche leergegessen. Frau Strelcyk sagt, als sie den Muckefuck ausschenkt: „Einmal wieder richtigen Bohnenkaffee trinken!“ Aber Bohnenkaffee gehört zu einer anderen Zeit, und die ist schon ziemlich lange her, jedenfalls für die meisten.
„Es gibt Leute in diesem Land, die haben nie gehungert und jeden Tag ihren Bohnenkaffee getrunken“, sagt der Wawciniak, „und genau für die halten wir kleinen Leute die Köppe hin, im Pütt wie im Krieg.“
Der Pfarrer schluckt schnell seinen letzten Bissen Streuselkuchen runter und sagt: „Wawciniak, fang nicht schon wieder an! Es hat immer Arme und Reiche gegeben, daran kannst du nichts ändern!“
Da wird der Wawciniak böse. „Haben Sie sich schon mal die Hände dreckig gemacht, Herr Pfarrer, haben Sie schon mal gehungert? Und wie das ist, wenn einem das Kind krepiert, weil man den Arzt und die Medizin nicht bezahlen kann, haben Sie eine Ahnung davon?“
Der Wawciniak sieht aus, als wollte er den Pfarrer gleich rausschmeißen, und seine Frau fängt leise an zu schluchzen.
Das mit dem Krepieren hätte er nicht sagen dürfen, denkt Plascha, wo doch die Hermine vorhin erst beerdigt worden ist. Aber wenn sie den Pfarrer anguckt, mit sei-

nem rosigen Gesicht und den feinen weißen Händen, dann kann sie den Wawciniak verstehn. So oft sagt der Pfarrer Dinge, die trösten sollen, aber irgendwie trösten sie doch nicht. Und er gebraucht manchmal ganz fremde Worte; Plascha kennt niemand sonst, der so spricht.
„Nichts für ungut", sagt er jetzt, „der Schmerz macht oft ungerecht", und dabei guckt er den Wawciniak von der Seite an. Dann nickt er den Anwesenden zu, als wollte er ihnen den Segen geben wie in der Kirche und geht.
„Ob unser Herrgott an dem seine Freude hat?" murmelt der Wawciniak vor sich hin. Doch seine Frau legt ihm die Hand auf den Mund.

Plascha hat gesehn, daß der Ötte und die Lodja schon die ganze Zeit zusammenstecken. Als der Wawciniak den Ötte in die Wirtschaft schickt, Bier holen, und die Mädchen Verstecken spielen, da fragt Plascha ihre Schwester: „Bist du in den Ötte verliebt?"
Lodja wird rot und sagt heftig: „Red bloß nicht solchen Quatsch."
Aber nachher sind die beiden doch wieder dauernd zusammen. Sie reden über den Graute, und Ötte sagt: „Das versprech ich dir hoch und heilig, ich geh nicht eher von der Schule runter und zum Pütt, bevor ich's dem heimgezahlt hab, dem Polenhasser!"
Und Lodja sagt eifrig: „Wenn ich dir helfen kann, mach ich mit."
Plascha denkt, daß sie ihre Schwester wohl nicht richtig kennt, denn das hätte sie ihr nie zugetraut. Aber Mama sagt, daß die Menschen sich oft noch sehr ändern, bevor sie richtig erwachsen werden.

Als die anderen Kinder ihre Säckchen mit den Knickeln holen, da hören die Lodja und der Ötte auf, miteinander zu reden, und spielen auch mit. Der Ötte macht mit dem

Absatz eine große Kuhle für die Knickel auf dem Bürgersteig unter der mickrigen Platane, die einfach nicht wachsen will. Plascha hat schon zweimal gewonnen, da kommt die Oma Doppka vorbei, die nur noch in der Vergangenheit lebt und lauter komische Sachen macht, und der kleine Willi ruft: „Achtung!"
Aber die Oma Doppka wackelt mit dem Kopf, lacht und fragt: „Habt ihr denn nirgends meinen Hippolit gesehn?"
Oma Doppka hat nur wenig dünnes weißes Haar, aber daraus macht sie sich ein kleines Zöpfchen, das hüpft jedesmal mit, wenn Oma Doppka mit ihrem Kopf wakkelt.
Sie stellt immer wieder dieselben Fragen, und die Kinder wissen, daß es keinen Sinn hat, der Oma Doppka was zu erklären. Sie sieht auch kein bißchen unglücklich aus, obwohl sie dauernd unterwegs ist und ihren Hippolit sucht und nicht finden kann, weil er gefallen ist gleich am Anfang vom Krieg.
Auf einmal hebt die Oma Doppka blitzschnell ihre vielen Röcke ein Stück hoch, hockt sich genau über die Knikkelkuhle und pinkelt einfach rein, obwohl alle Kinder drum herumstehen, und als der kleine Willi anfängt zu schimpfen, hört sie gar nicht hin.
Und Plascha muß lachen und Lodja auch, und schließlich lachen alle Kinder und Oma Doppka lacht unbekümmert mit.
„Jetzt machen wir uns eine Knickelkuhle auf dem Hof", sagt Plascha, und die Oma Doppka lacht immer noch und ihr Zöpfchen wippt, und man kann sehn, daß sie keinen einzigen Zahn mehr hat.
Und dann sucht sie in den Taschen ihrer vielen Röcke nach Fünfpfennigstücken, bis sie eine Handvoll zusammen hat, die verschenkt sie an die Kinder, bevor sie weitergeht, ihren Hippolit suchen.

4. Kapitel

vom alten Kulla, und was er mit ein paar zahmen Mäusen in der Grube erlebt hat.

Mit dem schönen Herbstwetter ist es endgültig vorbei, und damit haben auch die Nachmittage in der Wieschermühle ein Ende. Die Hippen bleiben jetzt im Stall, bis das Frühjahr kommt, und Plascha hofft, daß die Heuvorräte bis dahin reichen.

Sie und Lisbeth gehen jetzt nachmittags los und sammeln die letzten Kastanien, die der Herbststurm von den dikken alten Bäumen bläst, und trockene Äste und Zweige, denn Brennmaterial ist knapp.

Die besten Kastanienbäume stehen rund um den alten Marktplatz, und dort in der Nähe, gleich am Anfang der Wilhelmstraße, wohnt Lisbeths Großonkel, der alte Kulla. Eigentlich hat er Schuster gelernt, aber er war viele Jahre seines Lebens auf dem Pütt als Hauer und Sprengmeister. Der Steinstaub hat sich in seine Lungen gefressen, das hört man bei jedem Atemzug.

Obwohl der alte Kulla Vollinvalide ist, muß er immer was zu tun haben, er sagt, daß er nicht einfach so rumsitzen kann, das macht ihn verrückt. Seine Frau ist vor zwei Jahren an Typhus gestorben, und seitdem redet der alte Kulla manchmal mit sich selbst, obwohl er viel lieber Gesellschaft hat, jemand, mit dem er reden kann.

Seine Kinder sind beide aus dem Haus. Sein Sohn Kaspar, der junge Kulla, ist in Rußland im Krieg. Und die Tochter Marie arbeitet im Waisenhaus in der Stadt, da hat sie ein winziges Zimmer und kommt nur selten nach Hause, weil sie abends so lange arbeiten muß und an den Wochenenden meistens auch. Das Waisenhaus ist schon überfüllt, weil es immer mehr Kriegswaisen gibt.

„Die armen Würmer“, sagt der alte Kulla, wenn er von ihnen spricht, „ein Segen, daß die Marie für sie sorgt, die hat ein goldenes Herz.“
Der alte Kulla hat das Schustern in all den Jahren auf dem Pütt nicht verlernt, er hat immer nebenher für seine Familie und die Nachbarn geschustert, und das macht er heute noch. Nur an manchen Tagen, da kriegt er so schlecht Luft, daß er nicht arbeiten kann; dann läßt er auch keinen Menschen zu sich rein. Aber sobald es ihm besser geht, arbeitet er wieder und freut sich über jeden Besuch. Plascha und Lisbeth wissen das und gehen ihn gern besuchen.
Und Felix ist der Liebling vom alten Kulla. So einen Enkel wünscht er sich. Der Felix darf sogar mit in Kullas Heiligtum, den Taubenschlag. Da hocken die beiden manchmal stundenlang, und der Felix weiß schon eine ganze Menge über Taubenzucht.
Der alte Kulla zeigt dem Felix auch, wie man Schuhe flickt und besohlt. Und wenn jemand den Felix fragt, was er denn später mal werden will, dann sagt er, ohne eine Sekunde nachzudenken: „Schuster wie der alte Kulla, das werd ich, wenn ich groß bin!“

Heute haben Plascha und Lisbeth erst wenig Holz gesammelt, als der Himmel immer dunkler wird. Sie schaffen es gerade noch, zum alten Kulla zu rennen, als ein richtiges Unwetter losgeht.
„Ihr seid nicht mein erster Besuch heute“, sagt der alte Kulla und lächelt verschmitzt, als er den beiden die Tür aufmacht.
Natürlich sitzt der Felix wieder mal auf dem Schemelchen neben dem Arbeitsplatz vom alten Kulla; er hat eine viel zu große blaue Schürze umgebunden. „Ich bin Onkel Kullas Lehrjunge“, sagt er stolz und hämmert auf einem schiefen Absatz herum.

„Jetzt machen wir erst mal 'ne Pause und stärken uns", sagt der alte Kulla, zieht seine Schürze aus und hängt sie an einem der dicken Wandhaken auf. Nachdem er seine Hände mit Schmierseife und viel Wasser bearbeitet hat, holt er vier große Tassen aus dem Küchenschrank, echte Porzellantassen mit Glockenblumen drauf, die hat seine Frau zur Kommunion bekommen, und sie sind alle noch heil, obwohl sie oft benutzt worden sind.

Mit großen Augen gucken die Kinder zu, wie der alte Kulla ein frisches Brot aus dem Brotkasten nimmt, das riecht ganz anders als das Brot, das es gegen Bezugsscheine gibt. Wo hat er das bloß wieder her?

„Das hat mir der Sippel heute früh gebracht", sagt der alte Kulla zufrieden, „dafür hab ich ihm seine Winterschuhe repariert, die kann er mindestens noch zehn Jahre tragen!"

Er schneidet für jeden eine Scheibe Brot ab und streicht ordentlich Kunsthonig drauf. Im Küchenherd brennt schon ein gutes Feuer. Der alte Kulla setzt einen Topf mit Milch auf, und als sie heiß ist, gießt er allen davon in die Glockenblumentassen.

Die Milch dampft, der Kunsthonig glänzt, und warm ist es in der Küche.

Plascha fühlt sich wohl. Sie merkt erst jetzt, wie sehr sie gefroren hat in dem kalten Wind, und von dem Regenguß haben sie und Lisbeth auch noch was abgekriegt, obwohl sie so schnell gelaufen sind. Aber jetzt trocknen sie in der warmen Küche.

„Onkel Kulla, bitte erzähl vom Pütt", bettelt Felix, denn der alte Kulla hat auf der Zeche viel erlebt, Grubenunfälle, Streiks und eine Menge aufregende Sachen. Davon hat er den Kindern schon manches Mal erzählt, aber sie kriegen nie genug von seinen Geschichten.

„Was soll's denn heute sein?" fragt der alte Kulla bereit-

willig, „vom großen Streik 1912, vom Grubenbrand oder wie ich verschüttet war?"
„Du hast doch mal von den zahmen Mäusen erzählen wollen", schlägt Felix vor und steckt sich den letzten Bissen Honigbrot in den Mund.
Der alte Kulla lacht und fährt sich mit der Hand ein paarmal über die Glatze wie immer, wenn er überlegt, wie er anfangen soll.
Aber dann schneidet er erst noch drei Scheiben Brot ab für die Kinder, genauso dicke wie vorhin, und den Kunsthonig streicht er auch diesmal kein bißchen dünner.
„Auf einem Bein kann man nicht stehen", sagt er, „und wer noch wächst, muß tüchtig essen!" Auch von der Milch gießt er nach.
Einen Moment lang ist es ganz still, nur das Feuer knistert, und die Lunge vom alten Kulla rasselt beim Atmen, und dann fängt er langsam an zu erzählen:
„Das ist lange her, ich war Hauer auf der Zeche Heinrich-Gustav, hatte mich so langsam an die schwere Arbeit unter Tage gewöhnt, an den ewigen Staub und die Dunkelheit, an Hitze und Kälte, an den Durst und den Schweiß und den Muskelkater von der Maloche in engen Strebs; und in meiner Kameradschaft fühlte ich mich wohl.
Der Ede Knepper war dabei, dem Jahre später ein Steinfall beide Beine abgerissen hat, und der krumme Michalski, der ging so gebückt, als müßte er ständig was auf dem Boden suchen, der war auch nicht mehr ganz jung damals, und inzwischen ist er längst übern Jordan." Der alte Kulla macht eine Pause und seufzt.
„Unser Pferdejunge hieß Hänschen und war ein lieber Kerl, der konnte prima mit Pferden umgehn, hat sie nie geschlagen wie so manche andere und hat ihnen nie mehr zugemutet, als sie schaffen konnten, auch wenn wir des-

halb manchmal etwas langsamer waren als andere Kumpels."
„Onkel Kulla, warum sind die Grubenpferde blind?" fragt der Felix dazwischen, und Plascha ärgert sich, weil sie nicht mag, wenn jemand beim Erzählen unterbricht.
Aber der alte Kulla ist geduldig. „Von der Dunkelheit und vom Staub", erklärt er ruhig, „ich hab auch oft gedacht, ich werd noch blind bei dem Maulwurfsleben da unten." Er lacht. „Dabei brauch ich bis heute nicht mal 'ne Brille."
Wieder fährt er sich mit der Hand über die Glatze.
„Aber damals mit den Mäusen, das war so: Ihr wißt, ich hab Tiere gern, nicht bloß meine Tauben. Und da unten in der Grube gab es eben die Gäule, die vor die Kohlewagen gespannt werden, aber Mäuse gab es auch und manchmal sogar Ratten, weiß der Kuckuck, wie die dahin gekommen sind. Ich hab oft geholfen, die Grubenpferde zu versorgen, obwohl das nie meine Aufgabe war, einfach, weil es mir Spaß gemacht hat; und die kleinen Mäuse, die gefielen mir auch. Es war lustig, wenn sie um die Brotkrümel stritten, die uns Kumpels beim Buttern runterfielen, und ich hab manchmal absichtlich nachgeholfen, hab die armen Viecher ein bißchen gefüttert. So wurden einige Mäuse mit der Zeit richtig zahm und verloren jede Angst vor uns.
Eines Tages in der Essenspause hab ich wieder mit den Viechern gespielt, meine Kumpels waren schon fertig zum Weiterarbeiten, und der Ede fing an, mit mir zu schimpfen und rief: ‚Mensch, Kulla, nu laß man die Mäuse, sonst kriegen wir heute nichts mehr getan!'"
Plascha, Lisbeth und Felix hören gespannt zu. Felix rückt immer näher an den alten Kulla heran und hat einen Daumen im Mund; das macht er nur, wenn er müde oder aufgeregt ist.

„Ich wollte gerade hinter den anderen her, die schon am Ende des Strebs auf mich gewartet haben, da fing der Berg mit einem Male schrecklich zu arbeiten an, zu ächzen und stöhnen zuerst, und dann krachte und splitterte es um mich herum, als wenn die Welt unterginge. Ich hab sie verschwinden sehn, den Ede, der zum Glück noch beide Beine hatte, den krummen Michalski und Hänschen, der vergebens den Gaul zu beruhigen suchte. Sie sind um ihr Leben gerannt und ich auch.
Es ging ja alles so schnell, das waren nur Sekunden, in denen das passierte, und ich war fast bei ihnen angelangt, da gab es einen furchtbaren Knall.
Gestein stürzte neben mir nieder, mein Mund war voller Staub, und meine Augen brannten, aber ich konnte sowieso eine Zeitlang nichts erkennen, ich drückte mich gegen die Wand aus Kohle und hielt mir die Hände schützend vors Gesicht.
Nach einer Weile beruhigte sich das Gestein. Ich wischte mir die Augen, so gut es ging, meine Grubenlampe brannte noch: Und dann begriff ich langsam, daß ich in der Falle saß, ich war abgeschnitten von meinen Kameraden, von der ganzen Welt.
Nur die Mäuse, die waren noch da. Aber mir war nicht mehr nach Spielen zumute. Ich bin fast verrückt geworden vor Angst, hab geschrien und geklopft und mit den Fäusten gegen die rauhen Strebwände geschlagen, bis meine Knöchel bluteten.
Die Gesteinsmassen hatten mich wie durch ein Wunder verschont, aber vielleicht wäre es besser gewesen, sie hätten mich auf der Stelle erschlagen, denn wenn nicht bald Hilfe käme, müßte ich ersticken in dem engen Loch, das mir geblieben war.
Die Kameraden würden mich nicht im Stich lassen, das wußte ich, sie würden sofort Hilfe holen, Rettungsmannschaften würden nach mir suchen ... Aber wie oft hatte

ich schon bei Unfällen erlebt, daß sie zu spät kamen, daß der Tod schneller war als sie!
Jeder Bergmann weiß das: Da unten ist man nie sicher, nie, man kann von herabstürzendem Gestein erschlagen werden, an giftigen Gasen ersticken, oder verdursten, verhungern, wenn die Rettungsmannschaften zu lange brauchen bei einer Explosion, einem Brand – und ertrinken kann man auch, wenn das Wasser in den Stollen einbricht und steigt.
Das alles ging mir wild durch den Kopf, oder vielleicht hab ich es sogar laut vor mich hin gesagt, ich weiß es nicht mehr. Ich hab abwechselnd geschwitzt und gefroren, gebetet und geschrien.
Ich wollte nicht sterben da unten!
Ich hab an meine Frau gedacht und an den Kaspar und die kleine Marie, was für Sorgen würden sie sich machen!
Und ich hab geweint wie ein Kind. Bergmannshemd ist Totenhemd, heißt es, aber ich wollte noch leben mit denen da oben, die brauchten mich doch, und ich hatte der Marie und dem Kaspar versprochen, am Abend ein Kartoffelfeuer mit ihnen zu machen.
Ob es schon Abend war? Ich hatte keine Uhr, und wenn man da unten allein ist, verliert man schnell jedes Zeitgefühl.
Irgendwann hörte ich auf zu schreien oder zu klopfen, ich starrte nur noch vor mich hin, hatte keine Kraft mehr, mich zu wehren, Zeichen zu geben; ich fühlte mich völlig erschöpft.
Wenn ich wenigstens nicht so allein gewesen wäre, wenn ich meine Kameraden gehabt hätte! Aber die waren vermutlich längst in Sicherheit, und ich zweifelte immer mehr daran, daß sie mir helfen konnten.
Nicht einmal Werkzeug hatte ich, das lag irgendwo unter dem herabgestürzten Gestein. Wie sollte ich mit meinen

bloßen Händen jemals ein Loch durch die Massen von Gestein und Schutt wühlen können?
Obwohl ich so müde war, ließen meine Gedanken mich nicht einschlafen. Durst hatte ich auch. Aber ich zwang mich, den letzten Rest Kaffee, der noch in meiner Flasche war, aufzuheben. Wer weiß, ob ich noch einmal in meinem Leben etwas zu trinken kriegen würde?
Ich saß gegen die Wand des Strebs gelehnt und fror immer stärker, denn ich trug nur ein Unterhemd zu meiner Arbeitshose, und Müdigkeit und Erschöpfung kamen noch hinzu und ließen mich die Kälte stärker spüren.
Still war es im Berg, unheimlich still.
Nur ab und zu fielen Wassertropfen auf den Boden, wo sich kleinere und größere Pfützen gebildet hatten. Das Gestein schien sich ganz und gar beruhigt zu haben.
Da fiel mir etwas Seltsames auf: Die Mäuse waren nicht mehr da!
Meine Grubenlampe brannte noch. Aber so sehr ich auch den Boden absuchte, da war keine einzige Maus. Ich leuchtete jedes Stückchen Boden in meinem Gefängnis ab. Da huschte eine Maus aus einer dunklen Ecke und war gleich darauf wieder verschwunden. Ich stellte meine Grubenlampe vorsichtig ab und kroch auf allen Vieren in den hintersten Winkel des Strebs. Das war gar nicht so einfach, überall lagen noch einzelne Gesteinsbrocken herum, und ich wunderte mich wieder, daß mich tatsächlich keiner von denen getroffen hatte. Ich tastete die Wände des Strebs ab und merkte, daß es dort irgendwo weiterging, daß da noch ein Gang sein mußte.
Ich kroch zurück und holte meine Lampe.
Ja, da war wirklich ein versteckter Schacht, und dahin waren meine Mäuse verschwunden.
Auf einmal war ich wieder hellwach, ich fror nicht mehr und vergaß meinen Durst."
Der alte Kulla räuspert sich. Nicht jetzt aufhören, erzähl

weiter, denkt Plascha, aber sie will den alten Mann nicht drängen, denn jetzt muß er auch noch husten, das kommt wohl daher, daß er so viel redet, bestimmt ist das nicht gut für seine kranke Lunge.
„Und dann?“ fragt Felix, „bist du dann rausgekommen, hast du ausfahren können aus dem Schacht?“
„Nein“, sagt der alte Kulla, er muß jetzt nicht mehr husten und erzählt weiter.
„Nein“, sagt er noch einmal, „leider gab es keinen Ausgang von dort, ich hatte nur einen Blindschacht gefunden. Aber die Luft darin war immerhin gut, und ich wußte, ich würde so eine Weile länger überleben können. Luft zum Atmen war erst mal wichtiger als Essen und Trinken, und vielleicht würden sie mich ja auch bald finden und befreien. Jedenfalls hatte ich wieder Hoffnung. Und dann hab ich den Blindschacht ganz genau untersucht, so ging wenigstens wieder ein bißchen Zeit vorbei, und da hab ich tatsächlich irgendwo im hintersten Winkel eine Schaufel entdeckt, die ein Kumpel vergessen haben mußte.
Die Schaufel lag wohl schon länger da, meine Kameraden und ich waren noch nie in dem Blindschacht gewesen.
Ich bin mit der Schaufel zurückgekrochen und hab gegraben, endlich konnte ich etwas tun!
Wie lange ich geschaufelt habe, weiß ich nicht, es kam mir jedenfalls vor wie eine Ewigkeit. Ich hab geschwitzt trotz der Kälte, denn ich hab geschuftet, als wär der Teufel hinter mir her.“
Der alte Kulla kichert in sich hinein. „Und vielleicht war er das ja auch, hat schon einen Braten gerochen.“
Plascha schüttelt den Kopf, der alte Kulla kommt bestimmt in den Himmel, wenn der mal stirbt, der ist so gut und hilfsbereit.
Jetzt legt er einen Arm um den kleinen Felix, der noch

näher an ihn herangerückt ist, und erzählt weiter: „Ich hab geschaufelt, bis ich dicke Blasen an den Händen hatte, und das will was heißen, denn Bergleute haben sowieso Schwielen an den Händen von der harten Arbeit.
Ich kam nur mühsam voran. Immer wieder rutschten Gesteinsbrocken nach, und ich mußte aufpassen, daß die mich nicht doch noch erwischten. Aber ich gab nicht auf, ich wollte unbedingt einen Durchbruch schaffen, vielleicht kam ich auf der anderen Seite dann weiter, der Rettung näher? Ich hab geschaufelt, und dann hab ich wieder geschrien und geklopft. Vielleicht war die Rettungsmannschaft unterwegs, vielleicht schon ganz nah? Da. Was war das? Das konnten Klopfzeichen gewesen sein. Oder doch nicht? Ich lauschte angestrengt, aber nur die Wassertropfen machten neue Geräusche. Ich klopfte und rief und schrie. Es kam keine Antwort, ich blieb allein.
Und ich erinnerte mich an das, was Bergleute manchmal erzählt hatten, Bergleute, die eingeschlossen gewesen waren und dann doch noch gerettet worden sind: daß es ihnen ähnlich erging wie Menschen, die sich in der Wüste verirren, daß sie Trugbilder sahen und Stimmen oder Klopfzeichen hörten, die es in Wirklichkeit gar nicht gab.
Ich mußte aufpassen, daß ich einen klaren Kopf behielt trotz aller Angst, und ich mußte mich immer wieder selbst zur Arbeit antreiben, wenn ich müde wurde, wenn meine schmerzenden Knochen nicht mehr wollten.
Ich hab mir meine Frau vorgestellt und den Kaspar und die Marie oder die Sonne und den Himmel im Sommer. Dann ging es wieder eine Weile besser mit dem Schaufeln. Auf was man nicht alles kommt in so einer Not! Und ich hab mir mein Unterhemd ausgezogen und Stükke Stoff davon abgerissen und um meine Hände gewikkelt, von denen die Haut in Fetzen hing."

Der alte Kulla muß wieder husten und einen Moment verschnaufen, und Plascha versucht, ihn sich vorzustellen damals, stellt sich vor, wie es sein muß, wenn einem da unten im Berg so ein Unglück passiert. Und ausnahmsweise ist sie froh, daß sie ein Mädchen ist und schon deshalb nicht unter Tage arbeiten kann, obwohl sie sich sonst oft ärgert, weil Mädchen so vieles nicht dürfen, was Männer tun. Soldat sein oder Bergmann, das wollte Plascha beides niemals, da hätte sie viel zu viel Angst!

Und dann denkt sie an die Frauen, die auch Angst haben und warten wie Mama, oder wie damals die Frau vom alten Kulla voll Angst gewartet haben muß und die Mutter von Hänschen. Das ist eine andere Angst, aber schlimm ist die auch.

Der alte Kulla hat sich ein Glas Wasser geholt und trinkt in kleinen Schlucken. „Das hätte ich damals da unten haben sollen“, sagt er, „mein Gott! Aber ich hab verbissen weitergegraben, und irgendwann, nach einer Zeit, die mir endlos vorkam, hatte ich mich durch das Gestein und den Schutt hindurch gearbeitet; es war nur ein kleines Loch, viel zu klein, um durchklettern zu können, aber ein Anfang war es immerhin. Jetzt trieb ich mich zur Eile an, vergrößerte das Loch, bis ich mit meiner Lampe hineinleuchten konnte.

Hatte ich da nicht ein Stöhnen gehört?

Oder war es wieder nur eine Täuschung wie vorhin mit den Klopfzeichen? ‚Hallo, ist da jemand?‘ schrie ich, denn das Loch war nicht groß genug, um die Lampe ganz hindurchstecken zu können oder gar meinen Kopf.

Ganz schwach, nur geflüstert kam eine Stimme herüber; doch was sie sagte, verstand ich nicht.

Nun schaufelte ich wieder wie verrückt, bis die Öffnung groß genug war, um die Grubenlampe ganz hindurch zu

bekommen, um endlich etwas sehen zu können, denn auf der anderen Seite war es dunkel.
Jetzt, im Schein meiner Grubenlampe, erkannte ich drei Männer, die am Boden lagen: den Ede Knepper, den krummen Michalski und Hänschen.
Ich nahm meine Lampe zurück und steckte statt dessen den Kopf durch die Öffnung.
Ich hörte das Stöhnen ganz deutlich, das mußte Hänschen sein.
Alle drei lagen nebeneinander und rührten sich nicht.
‚Luft', flüsterte Ede heiser.
‚Ich bin's, der Kulla', rief ich, ‚gleich ist das Loch größer, dann komme ich rüber zu euch!'
Sie waren also doch nicht gerettet, meine Kameraden. Es ging ihnen sogar schlechter als mir, weil sie kaum noch Luft zum Atmen hatten. Aber jetzt mit der Öffnung kamen frische Wetter zu ihnen rein. Der Ede und der krumme Michalski rappelten sich hoch. Nur Hänschen blieb liegen wie vorher. Er mußte verletzt sein.
Bald hatte ich die Öffnung so groß, daß ich mich hindurchwinden konnte. Da entdeckte ich am Boden auch den Gaul, der mühsam versuchte, wieder auf die Beine zu kommen. Er leckte Hänschen das Gesicht. Hänschen stöhnte. Sein rechter Arm lag seltsam abgeknickt von seinem Körper, und die Hand war unförmig angeschwollen; etwas Schweres mußte draufgefallen sein. Ich beugte mich über ihn. ‚Hast du schlimme Schmerzen?'
Er nickte. ‚Und Durst', klagte er leise.
Ich schraubte meine Kaffeeflasche auf und flößte ihm vorsichtig die letzten Schlucke ein. ‚Sie werden uns bald hier herausholen', versuchte ich, ihn zu trösten, und ich zwang mich, ganz fest an unsere Rettung zu glauben.
‚Die da oben müssen uns längst vermissen', sagte Ede, ‚die nächste Schicht ist ja schon bald rum.'
Er hatte als einziger von uns eine Uhr.

‚Die nächste Schicht ist ja schon bald rum?‘ Verwundert sagte ich den Satz noch einmal vor mich hin.
Dann waren seit der Explosion erst zwölf oder dreizehn Stunden vergangen, und mir kam es vor, als wären es Tage gewesen.
Wie lange mußten wir hier unten wohl noch warten, bis Hilfe kam?
Untätig warten wäre das Schlimmste, wir mußten unbedingt selbst etwas tun, statt nur auf Hilfe zu hoffen.
Ich wischte mir den Schweiß vom Gesicht.
‚Wir müssen auf der anderen Seite weitergraben‘, schlug ich vor, obwohl ich hundemüde war, ‚wenn wir da auch so einen Durchgang schaufeln, kriegen wir Verbindung zum vorderen Teil des Strebs und können uns vielleicht allmählich durcharbeiten in Richtung Förderschacht?‘
‚Wer weiß, wieviel Gestein da runtergekommen ist‘, sagte der krumme Michalski, und seiner Stimme hörte man an, wie erschöpft und verzweifelt er war. ‚Ob es einen Sinn hat, sich so abzurackern?‘
Er war älter als wir anderen und hatte weniger Kraft.
Er und Ede hatten genau wie ich so lange geklopft und geschrien, bis sie nicht mehr konnten, vor allem wegen der Luft, die immer schlechter geworden war.
Und es hatte ja auch nichts genutzt, nicht einmal ich hatte sie gehört, und ich war doch gar nicht so weit von ihnen entfernt gewesen. Der krumme Michalski hatte schon recht mit seinen Zweifeln, er war mutlos geworden. Doch wir durften jetzt einfach nicht aufgeben.
‚Wir müssen es wenigstens versuchen‘, stimmte mir der Ede zu. ‚Je mehr wir der Rettungsmannschaft entgegenarbeiten, umso eher kommen wir hier raus. Und für Hänschen wird es höchste Zeit.‘
Ja, Hänschen schien Fieber zu haben, er murmelte vor sich hin, aber das hatte mit uns nichts zu tun. Er redete mit seiner Mutter. Dann stöhnte er wieder.

‚Wir bringen dich hier raus, so schnell es geht‘, versprach der Ede entschieden und fing an zu schaufeln.
Hänschen hörte uns nicht mehr zu.
Wir wechselten uns ab mit dem Schaufeln. Auch der krumme Michalski machte mit, trotz seiner Zweifel, und so kaputt, wie er war.
Plötzlich ließ er die Schaufel fallen und blieb regungslos stehen, noch stärker vornübergebeugt als sonst.
‚Ruh dich aus‘, sagte der Ede freundlich und hob die Schaufel auf.
Aber der krumme Michalski winkte ab.
‚Seid still‘, flüsterte er, ‚ich glaub, ich hab was gehört!‘
Jetzt preßten wir alle drei unsere Köpfe gegen das Gestein.
Mein Herz klopfte so laut, daß ich zuerst gar nichts anderes hörte. Dann war es auf einmal ganz deutlich: Klopfzeichen, diesmal waren es wirklich Klopfzeichen, sie kamen von der anderen Seite, und ganz sicher waren das die Leute, die uns suchten.
Sofort machten wir uns wieder an die Arbeit, schneller, immer schneller schaufelten wir, woher auf einmal die Kraft kam, weiß ich nicht, wir rissen uns die Schaufel gegenseitig aus den Händen, wir hätten gut jeder eine brauchen können.
Nach einer Weile hörten wir auch von der anderen Seite ganz deutlich Schaufelgeräusche, wir arbeiteten uns aufeinander zu, die Kumpels von der Rettungsmannschaft und wir drei.
Endlich, endlich war auch dieser Durchbruch geschafft.
Für Hänschen wurde es wirklich höchste Zeit, er schwitzte und atmete schwer. Der erste, der von der Rettungsmannschaft zu uns rüberstieg, war der Wawciniak. Ich werd nie vergessen, wie sein Gesicht in der Öffnung auftauchte und dann der ganze Kerl.“ Der alte Kulla

macht eine Pause. „Ich glaub, in dem Moment hab ich den Wawciniak liebgewonnen für den Rest meines Lebens."

Die Kinder atmen auf.

„Und dann haben sie euch sofort über Tage gebracht?" fragt Lisbeth.

„Ja", sagt der alte Kulla, „zuerst wurde Hänschen vorsichtig auf eine Tragbahre gelegt, und dann sind wir gemeinsam ausgefahren.

Hänschen kam sofort ins Bergmannsheil. Die Ärzte dort haben gedacht, sie müßten ihm den verletzten Arm abnehmen, so schlimm sah der aus, aber dann haben sie ihm die Hand und den Arm doch irgendwie zusammengeflickt, so daß er später wieder in unserer Kameradschaft arbeiten konnte, ganz normal wie früher, nur jeden Wetterwechsel, den hat er in seinem Arm gespürt."

„Und du und der Ede und der krumme Michalski?" fragt Plascha, „wie war das, als ihr wieder ans Tageslicht gekommen seid?"

Der alte Kulla guckt vor sich hin, als hätte er das alles noch deutlich vor Augen.

„Das werd ich auch nie vergessen", sagt er, „Massen von Menschen warteten auf dem Zechenvorplatz, nicht nur unsere Angehörigen, beinah der ganze Ort, jedenfalls die Leute, die irgendwas mit der Zeche zu tun hatten, und ihr wißt ja, wie viele das hier sind. Alle hatten sie Angst um uns gehabt, und jetzt freuten sie sich mit über unsere Rettung.

Und meine Frau und der Kaspar und die Marie – mein Gott, war das ein Glück! Sie haben mich alle umarmt, so dreckig, wie ich war, und dann waren sie auch alle schwarz, und wir haben gelacht und geweint, alles durcheinander.

Es wurde gerade hell, als der Zechenarzt uns Verunglückte untersucht hatte und wir nach Hause gehen

konnten. Daß das so schön ist, wenn es Tag wird, heller und immer heller, das hab ich noch nie so erlebt."
Dem alten Kulla stehen Tränen in den Augen.
„Und die Mäuse?" fragt der Felix.
„Die hatten bei uns ein Leben wie im Schlaraffenland. Denn wenn ich nicht mit den Mäusen gespielt hätte und wir wären schon weiter hinten bei der Arbeit gewesen, viel wär von uns vieren wahrscheinlich nicht übriggeblieben. Und wenn die Mäuse mich nicht zu dem Blindschacht geführt hätten, vielleicht wären wir erstickt, bevor die Rettungsmannschaft bis zu uns vorgedrungen wäre. Ja, wir haben die Mäuse von da an ganz besonders verwöhnt."
„Und du bist immer wieder eingefahren?" fragt Lisbeth, „hast du denn keine Angst gehabt, daß so was noch mal passiert?"
Und Plascha denkt an ihren Papa und an den Wawciniak und an alle Nachbarn, die Bergleute sind.
„Mit der Angst muß man leben", sagt der alte Kulla, „da unten kann's einen jederzeit erwischen. Und wenn man's überlebt, erwischt's einen später."
Er zeigt auf seine Brust, und die Kinder wissen, daß er seine kaputte Lunge meint.
In der Küche ist es dunkel geworden. Nur vom Herd kommt ein bißchen Licht. Der alte Kulla zündet die Petroleumlampe an und kramt im Küchenschrank. „Ich hab doch wieder ein paar Kaffeebohnen geschenkt gekriegt", sagt er und packt zwei kleine Zeitungspäckchen, die stekken Lisbeth und Plascha in ihre Schürzentaschen.
Und dann schickt der alte Kulla die Kinder heim, damit ihre Mütter sich keine Sorgen machen müssen.

In dieser Nacht schläft Plascha besonders unruhig.
Sie fährt mit dem alten Kulla tief in die Grube ein, obwohl Frauen und Kinder gar nicht unter Tage dürfen.

Aber Plascha sieht erwachsen aus in Kullas Arbeitshose und Jacke, ihr Haar ist unter einer Kappe versteckt, und niemand merkt, daß sie ein Mädchen ist.
Sie füttert den Gaul, und dann spielt sie mit den Mäusen.
Da hört sie das Krachen. Genau neben sich. Sie weiß, was das zu bedeuten hat. Wegrennen will sie, ganz schnell wegrennen. Aber sie kommt nicht vom Fleck, und als sie schreien will, kriegt sie keinen Ton heraus.
Jemand beugt sich über sie. Er riecht gut, er riecht nach frisch gepflückten Äpfeln und hat einen Kaiser-Wilhelm-Bart. Es ist der zweite von links auf dem Foto, das auf der Kommode steht.
Aber er trägt nicht Kaisers Rock, die feldgraue Uniform, sondern grobe Arbeitshosen und ein Unterhemd wie der Kulla.
„Papa“, sagt Plascha und wacht auf.
Noch immer hat sie den Apfelgeruch in der Nase, obwohl sie mit Mama im Bett in der Schlafkammer liegt und sie gar keine Äpfel haben.
„Papa“, sagt sie noch einmal leise in die Dunkelheit hinein.
Um sie herum schlafen alle. Mama seufzt manchmal im Schlaf. Von den großen Schwestern dreht sich ab und zu eine um, und auch der Felix liegt nicht ganz still.
Am liebsten würde Plascha jemand wecken.
Es dauert lange, bis sie wieder einschlafen kann.

5. Kapitel

von einer schlimmen Operation und vom Pferdedoktor, der tot umfällt, wenigstens im Spiel.

Als Plascha am anderen Morgen aufwacht, hat sie Halsschmerzen. Sie sitzt am Küchentisch und fühlt sich lange nicht so wach wie sonst morgens nach dem Waschen, jeder Schluck tut ihr weh im Hals, und das Herz-Jesu-Bild über der Küchenbank schwankt.

Aber sie sagt Mama nichts davon.

Sie will nicht krank werden. Sie liegt sowieso nicht gern im Bett. Und vielleicht darf sie heute wieder für Fräulein Hölter das Pausenbrot holen und kriegt ein Heiligenbild geschenkt?

Auf dem Schulweg friert Plascha mehr als sonst, und Lisbeth fragt verwundert: „Warum sagst du denn heute nichts?"

Es lohnt sich, daß Plascha in die Schule geht. Sie darf das Pausenbrot für Fräulein Hölter holen.

Aber als sie in dem schönen Wohnzimmer steht, mit den Blumenstöcken auf den Fensterbänken und den Bildern an den Wänden, da muß sie sich auf einmal an einem Stuhl festhalten, weil ihr schwarz wird vor Augen, und es sticht fürchterlich in ihrem rechten Ohr.

Die Mutter von Fräulein Hölter kommt mit dem Brotpäckchen und dem Heiligenbild, sieht Plascha und fragt erschrocken: „Was hast du, Kind, ist dir nicht gut?"

Plascha muß sich auf den Stuhl setzen, und Fräulein Hölters Mutter fühlt ihre Stirn und sagt: „Die ist ja ganz heiß, und du hast auch fiebrige Augen!"

Sie öffnet das Fenster und ruft etwas hinaus in den Hof, wovon Plascha nur versteht, daß irgend jemand Fräulein Hölter holen soll.

Als die kommt, ist sie genauso erschrocken wie ihre Mutter. „Du mußt sofort ins Bett", sagt sie, „deine Schwester Lodja soll dich nach Hause bringen."
Obwohl Fräulein Hölter jetzt selbst ihr Pausenbrot mitnimmt, darf Plascha das Heiligenbild behalten, und Lodja kriegt auch noch eins.
Die Mutter von Fräulein Hölter muß ganze Stapel von Heiligenbildchen in ihrer Schublade haben, aber Plascha kann jetzt nicht darüber nachdenken, sie muß sich zusammenreißen und mit Lodja nach Hause gehen.
„Fräulein Hölter hat gesagt, daß sie unbedingt einen Arzt braucht", berichtet Lodja der Mama. Aber die schüttelt den Kopf. „Wir haben kein Geld für den Arzt", sagt sie traurig.
Sie steckt Plascha sofort ins Bett, macht Wadenwickel und kocht Kartoffeln, die zerdrückt sie zu Brei. Den Brei füllt sie in ein Tuch, das legt sie Plascha ganz vorsichtig aufs Ohr.
Die Schmerzen hören trotzdem nicht auf, den ganzen Nachmittag nicht und auch nicht in der Nacht.
Mama kocht immer wieder Tee und macht Wadenwikkel, bis Plascha sich nicht mehr so heiß anfühlt; doch das Halsweh geht nicht weg, und der Schmerz im Ohr wird noch schlimmer.
Plascha versucht die ganze Nacht, die Zähne zusammenzubeißen und nicht zu jammern, damit sie die Geschwister nicht aufweckt; doch morgens kann sie nicht mehr. Sie wimmert nur noch und stöhnt, und Mama sagt schließlich: „Es bleibt uns nichts anderes übrig, wir müssen zum Amtsarzt gehen."
Da kriegt Plascha einen Riesenschreck. Der Amtsarzt kostet nichts, er ist zuständig für die armen Leute, die sich sonst keinen Doktor leisten können. Der frühere Amtsarzt war sehr beliebt, sagen die Leute, zu dem sind sie gern gegangen. Aber der ist vor ein paar Jahren ge-

storben. Und sein Nachfolger heißt nur der Pferdedoktor, weil er grob ist und die Leute behandelt wie der Pferdekutscher seine Gäule.
„Es muß sein", sagt Mama entschlossen, „mit den alten Hausmitteln komme ich nicht mehr zurecht."
Sie schleppt Plascha, die kaum gehen kann, zum Amt.
Zwei Stunden müssen sie warten. Wie im Traum sieht Plascha die anderen Kranken, undeutlich nur, und sie fühlt sich elend, und ihre Angst vor dem Pferdedoktor wird immer größer.
Dann ist Plascha an der Reihe. Sie fühlt ihr Herz überall schlagen, bis in ihr krankes Ohr hinein.
Die Schwester setzt sie in einen quietschenden Korbsessel, und der Doktor hat riesige rote Hände. Sehr schnell untersucht er Plaschas Hals und Ohren und horcht ihre Brust ab.
„Warum sind Sie nicht früher gekommen!" schreit er die Mama an.
Die wird rot im Gesicht und schluckt, sagt aber nichts.
Und der Pferdedoktor wartet nicht auf eine Antwort.
Plascha wird's wieder schwarz vor Augen, aus ihrem Ohr tropft eine Flüssigkeit; da hört der stechende Schmerz endlich auf, und der Doktor sagt zu der Schwester: „Sehn Sie, das Trommelfell ist geplatzt, jetzt fließt eine Menge Eiter ab."
Und dann sagt er noch etwas, und Plascha denkt, ihr Herz bleibt stehen. „Wir müssen die Mandeln rausnehmen, die sind total vereitert."
Der Satz sickert langsam in Plaschas heißen Kopf. Sie sitzt wie erstarrt, aber dann begreift sie auf einmal, was das bedeutet. Sie hat von der Pina Strelcyk gehört, daß der Amtsarzt den Leuten bei vollem Verstand die Mandeln wegoperiert, ohne Betäubung, und da versucht sie mit aller Kraft, aus dem quietschenden Sessel aufzustehen, weil sie weglaufen will.

Aber der Pferdedoktor drückt sie grob in den Sessel zurück, die Schwester hält Plascha wie im Schraubstock fest, und der Doktor reißt ihr Ober- und Unterkiefer auseinander und geht mit einer Zange in ihren Hals.
Es tut höllisch weh.
Plascha will sich losreißen und versucht zu schreien.
Da haut ihr der Amtsarzt mit seiner riesigen roten Hand eine Backpfeife, und Plascha hat das Gefühl, gleich fliegt ihr der Kopf vom Hals.
Wie die Mama sie heimgebracht hat, erinnert sie sich später nur wenig, aber sie weiß, daß sie unterwegs immer wieder dicke Stücke geronnenes Blut ausgespuckt hat, und daß sie alle beide geweint haben, Mama und sie.

Ein paar Tage lang muß sie im Bett liegen bleiben, und sie ist so müde, daß es ihr zum erstenmal in ihrem Leben nichts ausmacht.
Mama sitzt oft an ihrem Bett und stopft und strickt, und dabei erzählt sie von früher. Plascha hört zu, und manchmal schläft sie ein und träumt die Geschichten weiter, und nachher weiß sie nicht mehr, wo Mamas Geschichten aufgehört und ihre Träume angefangen haben. Aber sie fragt nicht, weil sie es gar nicht wissen will; Geschichten und Träume gehören ja doch zusammen.
So langsam werden die Schmerzen im Hals weniger, nur richtig essen mag Plascha nicht, das tut noch lange weh.
Die Franja bringt extra Haferflocken mit und Kuhmilch von Kolpes Hof, aber als keiner guckt, da schiebt Plascha ihren Brei dem Felix zu, und der ißt ihn ganz schnell auf. Es bleibt ihr Geheimnis, sie erzählen Mama nichts davon.
Felix schenkt Plascha zwei von seinen schönsten Schneckenhäusern, er sammelt Schneckenhäuser und bunte Steine.

Plascha will die Schneckenhäuser zuerst nicht nehmen, sie hätte den Brei ja sowieso nicht gegessen, aber der Felix besteht darauf, weil die Plascha Schmerzen im Hals hat, und vielleicht gehn die schneller weg, wenn sie sich freut.
Der Felix weiß, daß Plascha Perlmutt so gerne mag, und genauso schimmern die Schneckenhäuser.

Die Lisbeth darf oft am Nachmittag kommen. Dann bringt sie ihre Puppe mit, und Plascha hat ihre Maupa im Bett, und sie spielen zusammen; manchmal ist Lodja auch dabei.
Sie spielen alles, was Plascha beim Amtsarzt erlebt hat, mal ist Lisbeth der Doktor, mal Lodja. Aber als Plascha wieder besser sprechen kann, weil es nicht mehr so wehtut, da spielt sie den Pferdedoktor selbst, und sie kann das auch am besten, weil es ja ihr passiert ist.
Die Maupa wird operiert, und der Felix guckt zu voller Angst, wie der Amtsarzt immer schlimmer wird in Plaschas Spiel.
„Wenn ich groß bin, mach ich ihn tot", sagt er, als er sieht, wie die Maupa ohne Betäubung die Mandeln rausgenommen kriegt, aber die Maupa läßt sich nicht alles gefallen, sie wehrt sich und wehrt sich, und der Amtsarzt regt sich fürchterlich auf, und ihn trifft der Schlag, und er bleibt mausetot neben der Maupa liegen.
Da ist Felix zufrieden. Und nachdem die Mädchen das Spiel oft genug gespielt haben, verlieren sie langsam die Lust daran.

Als Plascha wieder zur Schule gehen kann, ist sie nicht nur dünn, sondern richtig abgemagert, der August Barken und der Heini Sippel sagen eine Zeitlang Suppenkaspar zu ihr, und auf dem rechten Ohr kann Plascha nie mehr richtig hören seit dieser Zeit.

6. Kapitel

von Wünschen, von Weihnachten und von der Tröte, die jault.

Weihnachten rückt immer näher. Plascha freut sich darauf.

Auch wenn Weihnachten nicht so ein Fest ist wie vor dem Krieg, als der Papa noch bei ihnen war. Als es genug zu essen gab und schöne Geschenke. Zur letzten Friedensweihnacht hatten die Mädchen eine Puppenstube bekommen, alle zusammen.

Von den Möbeln hatte Franja den Schrank gekriegt, Lischa das breite Bett mit der Strohmatratze, Lodja den runden Tisch samt Häkeldecke und Plascha zwei Stühle mit richtigen Stuhlkissen drauf. So gehörte ihnen alles gemeinsam, die Stube und die Einrichtung.

Inzwischen spielt Franja längst nicht mehr mit der Puppenstube, und Plascha glaubt nicht mehr ans Christkind wie damals.

Ein Christkind kann doch nicht auf einmal so arm werden im Krieg? Plascha hat Franja gefragt, und seitdem weiß sie, daß Mama und Papa die Stube gebastelt haben, aus Mutterklötzchen und anderem Abfallholz vom Pütt.

Trotzdem freut sie sich auf Weihnachten.

Mama macht aus jedem Geburtstag und aus jedem Weihnachten ein Fest, auch mit dem wenigen, was sie haben.

Und Plascha will sich ja gar nichts wünschen, nur, daß der Papa endlich nach Hause kommt und alles so wird wie früher. Jeden Abend und in jeder Adventsandacht betet Plascha: Heilige Maria, mach, daß er kommt! Ich will auch kein einziges Geschenk zu Weihnachten!

Und dabei hofft sie, daß die Maria nur auf die Gebete hört und keine Gedanken lesen kann, weil Plascha doch so gerne ein neues Kleid für die Maupa gehabt hätte oder ein dickes Märchenbuch mit bunten Bildern drin wie das, aus dem Fräulein Hölter in der Schule manchmal vorliest. Warum hören sie vom Papa denn gar nichts mehr?
In den letzten Wochen sind so viele Soldaten ringsum nach Hause gekommen, auf Urlaub oder wegen einer Verletzung. Und Mama, die sonst nicht so einfach jemand besuchen geht, Mama geht überall hin und fragt nach Papa.
Aber niemand weiß etwas von ihm.
Jedesmal kommt Mama blaß und müde nach Hause, und tagelang redet sie kaum ein Wort.
Plascha betet dann abends mindestens ein Vaterunser mehr als sonst, auch, wenn sie noch so müde ist. Aber vielleicht beten so viele Kinder jeden Abend für ihre Soldatenväter in deutsch und polnisch und französisch und russisch, wie soll Gott da allen zuhören können?
Einmal bin ich dran, denkt Plascha, dann hört er mich und erinnert sich und schickt den Papa nach Hause.

Sie sieht ihren Vater vor sich, an dem Tag, an dem er in den Krieg gezogen ist. Einen Karton voller Äpfel hat er mitgenommen, Plascha hat sie alle blitzblank poliert und vorsichtig in den Karton gelegt, damit sie ja keine Druckstellen kriegten; und wie die Äpfel gerochen haben, das weiß Plascha noch ganz genau.
Sie sind alle mit Papa zum Bahnhof gezogen: Mama hatte den Felix auf dem Arm, der war ja noch fast ein Baby, und Plascha und ihre drei Schwestern stritten darum, wer an Papas Hand gehen durfte, wo er doch nur zwei Hände hatte für seine vier Mädchen.
Aus allen Richtungen kamen Soldaten, und die Angehö-

rigen liefen mit und redeten und lachten und weinten durcheinander, und manche sangen auch: „Muß i denn, muß i denn zum Städele hinaus", und jemand rief übermütig: „Wir kloppen die Franzosen auf ihre roten Hosen!"

Die meisten Männer waren sehr zuversichtlich gewesen und hatten versprochen: „Wir kommen bald als Sieger zurück!" Überall war eine Aufregung, als wäre der Krieg schon gewonnen.

Papa hatte nicht ausgesehn wie ein Sieger. Und an der letzten Ecke vor dem Bahnhof hatten Mama und Papa sich umarmt und geküßt, als wenn sie sich nie mehr loslassen wollten.

Und Papa hatte sich von jedem Kind einzeln verabschiedet, der Reihe nach, bis der kleine Felix fürchterlich zu brüllen anfing, denn es war das erste Mal, daß er seine ganze Familie gleichzeitig weinen sah.

Dann kamen immer wieder Briefe und Karten vom Papa in seiner schönen Schrift, wegen der er Schriftführer vom Polenverein gewesen war. Er schrieb vom Krieg. Von Angst und Dreck und Verletzten. Und wie er sie alle vermißte, Mama und die Kinder.

Aber vom Sieg und wann er nach Hause käme, stand nichts in den Briefen. Überhaupt hatte bald kein Mensch mehr geglaubt, der Krieg würde schnell zu Ende sein.

„Ehe das Laub von den Bäumen fällt, sind meine Soldaten zurück von der Front", hatte der Kaiser versprochen. Aber das Laub war schon ein paarmal von den Bäumen gefallen, und Plascha glaubt dem Kaiser nie wieder ein Wort.

Vor der letzten Schulfeier zu Kaisers Geburtstag hatte Fräulein Hölter die Kinder wieder einmal das Gedicht aufsagen lassen, das sich Plascha nie richtig gemerkt hat: Der Kaiser ist ein lieber Mann, er wohnet in Berlin, und

wär es nicht so weit dahin, ich ginge heut noch hin, und brächt die schönsten Blümlein ihm...
Plascha hatte sich nicht gemeldet und böse auf das Bild vom Kaiser geguckt, das an der Wand hing. Dem wollte sie keine Blumen bringen! Ein lieber Mann hält doch wohl, was er verspricht!
Und als Fräulein Hölter sie drannehmen wollte, da hatte Plascha den Kopf geschüttelt und gesagt: „Ich will nicht." Zum Glück hatte Fräulein Hölter nichts gefragt, nur erstaunt geguckt und Plascha in Ruhe gelassen.

Ob er verwundet ist, ihr großer Papa mit den lustigen Augen und dem Kaiser-Wilhelm-Bart?
Vielleicht liegt er schon lange irgendwo in Frankreich in einem Lazarett, und er kann nicht schreiben, weil seine Hände oder Arme verletzt sind? Oder er hat sein Gedächtnis verloren?
Plascha hat voll Staunen gehört, daß es so was geben soll!
Oder man läßt ihn einfach nicht schreiben in Feindesland?
Aber wenn der Krieg aus ist, dann steht der Papa plötzlich vor der Tür, lachend und gesund, und er hebt Plascha hoch und wirbelt sie durch die Luft und gibt ihr viele, viele Küsse.
Wenn es Weihnachten doch so sein könnte!
Plascha versucht, nicht mehr zu pfeifen und nicht so wild zu sein. Und wenn der August hinter ihr her schreit: „Rot und blau, Pollacksfrau!" – dann tut sie so, als hätte sie nichts gehört, obwohl sie es dem August schrecklich gern heimzahlen würde.

Mama sitzt jeden Abend so lange in der Küche, daß Plascha immer schon schläft, wenn Mama ins Bett kommt.

Die Jacke für Papa aus Franeks aufgeribbeltem Pullover ist längst fertig. Mama hat sie zusammengefaltet und mit dem letzten Rest Wolle zusammengeschnürt zu einem kleinen Paket.
Die Lisa Komorek kommt jetzt fast jeden Abend und bleibt ziemlich lange. Plascha hört, wie Mama und Lisa leise miteinander reden, und sie überlegt, was die beiden da drüben wohl so lange machen?
Manchmal klettert sie vorsichtig aus dem Bett und guckt durchs Schlüsselloch, aber sie kann nichts sehen als die gebeugten Rücken von Mama und Lisa.
Der kleine Felix, der sonst immer sofort einschläft, wenn er ins Bett kommt, ist jetzt auch oft noch lange wach, vor lauter Aufregung wegen Weihnachten.
Der Felix wartet nicht so auf den Papa wie seine Schwestern, er kann sich nicht an den Papa erinnern; aber er wünscht sich sehnlichst eine Tröte. Eine, die er bei Kinneke im Schaukasten gesehen hat. Sie ist aus Blech und sieht aus wie Gold, und wenn man feste reinbläst, kommt ein ganz lauter Ton heraus, hat der Willi Wawciniak erzählt.
Der Felix ist schon seit zwei Wochen immerzu brav wegen der Tröte, und er sagt jeden Tag ein paarmal: „Wenn das Christkind bloß meine Tröte nicht vergißt!"
Er hat sich aus Zeitungspapier eine Rolle gedreht und sagt, daß er damit schon mal das Tröten übt; aber es wird immer bloß ein Gejaule. Plascha hofft, daß die Tröte ein bißchen schöner klingt, aber sie hofft vor allem, daß Mama das Geld für die Tröte übrig hat. Der Felix ist noch zu klein, um zu verstehn, daß im Krieg alles anders und schäbiger ist, auch Weihnachten.

Am Heiligen Abend geht ein eisiger Wind. Plascha läuft raus in den Hof und sucht den Himmel nach Schneewolken ab, doch sie kann keine entdecken.

Und es kommt keine Post, und der Papa kommt auch nicht.
Lisa arbeitet bis mittags um zwei auf der Zeche.
Und Franja kriegt den Nachmittag frei, weil sie die ganze Woche vor dem Fest länger bleiben mußte als sonst. Die Kolpes sind reiche Bauern, die haben viel vorzubereiten für Weihnachten. Was alles geputzt und abgestaubt werden muß!
Und der Köchin hat Franja alle Tage beim Backen und Kochen helfen müssen. Wenn sie abends nach Hause kam, hat sie gestöhnt; das Kreuz hat ihr wehgetan von der vielen Arbeit. Aber als sie heute mittag nach Hause kommt, strahlt sie übers ganze Gesicht. Sie bringt eine schwere Tasche mit, in die niemand reingucken darf, auch Mama nicht.
Lisa und Mama bohren Löcher in den Besenstiel, da stekken sie die Tannenzweige rein, die ihnen der Wawciniak geschenkt hat, Abfall vom Weihnachtsschmuck auf der Zeche. Sie behängen den Baum mit Lametta und Kugeln, als ob es ein richtiger wär. Die Lisa hat sogar ein paar bunte Kerzen aufgetrieben.
Als es anfängt, dämmrig zu werden, schickt Mama die Kinder raus, nur Franja bleibt mit Mama und Lisa im Haus.
Die Kinder spielen Verstecken. Plascha hat sich so gut versteckt, daß die anderen lange nach ihr suchen müssen. Sie hockt bei der Hippe im Stall, da ist es schön warm.
Plascha denkt an das Jesuskind, das im Stall in Bethlehem geboren ist, vor so vielen Jahren. Sie erzählt der Hippe die Weihnachtsgeschichte und gibt ihr eine besonders große Portion Heu. Die Hippe guckt, als würde sie alles verstehn.
Aber dann findet Lischa endlich das Versteck. Es ist inzwischen richtig dunkel geworden, und Mama ruft die Kinder herein.

Zuerst sieht Plascha die Tröte.
Sie liegt unterm Weihnachtsbaum und glänzt, als wär sie aus echtem Gold. Und die Maupa sitzt da, wunderschön, ein himmelblaues Kleid hat sie an mit einem weißen Krägelchen drauf.
Blau ist Plaschas Lieblingsfarbe.
Mama und Lisa haben viel genäht und gestrickt in den Wochen vor Weihnachten, als Plascha vergeblich durchs Schlüsselloch geguckt hat: Die Franja kriegt einen Rock, Lischa einen Schal und Mütze und Handschuhe, damit sie's beim Zeitungsaustragen warm hat, und Plascha, Lodja und Felix kriegen warme Socken, die Lodja noch Fäustlinge dazu, alles in Norwegermuster.
Und jetzt liegt auch ausgepackt unterm Weihnachtsbaum, was Franja in der Tasche heimgeschleppt hat, lauter gute Sachen: eine luftgetrocknete Mettwurst und ein Stück fetter Speck, eine Kanne voll Milch, ein Säckchen Nüsse – und sogar ein kleiner Christstollen ist dabei.
„Du bist unser Christkind", sagt Mama und guckt Franja dankbar an.
Sie singen Weihnachtslieder, probieren den Christstollen und spielen Nüsseraten, und der Felix hört gar nicht mehr auf zu tröten, bis alle sich die Ohren zuhalten und Mama ihn für ein Weilchen rausschickt in den Hof.

Morgens zur Christmette stehen alle früh auf.
Nur der Felix bleibt zu Hause. Er rollt sich behaglich in Lodjas Bett zurecht, ohne richtig aufzuwachen. Er hält seine Tröte im Arm und lächelt im Schlaf. In seinem weißen Nachthemd und mit den braunen Locken sieht er aus wie ein dunkler Weihnachtsengel, denkt Plascha.
Sie ist froh, daß er die Tröte bekommen hat, nicht bloß, weil jetzt das Gejaule auf der Papierrolle ein Ende hat. Sie freut sich über die Tröte genauso wie über Maupas neues Kleid. Sie deckt ihre Puppe fürsorglich zu. Schade,

daß sie die nicht mitnehmen kann in die Kirche, so schön sieht sie aus.
Eisblumen blühen am Fenster, aber geschneit hat es immer noch nicht. Plascha geht als letzte aus dem Haus und zieht die Tür hinter sich zu. Die Kälte tut ihr weh im Gesicht.
Sie ist froh über den Mantel, den Lisa ihr zum Geburtstag aus Franeks altem Überzieher genäht hat. Er ist grau, und er ist noch zu groß, aber er ist aus richtigem Stoff von vor dem Krieg und hält warm, nicht wie die Stoffe aus Papier, die es jetzt nur noch gibt.
Später will Plascha sich einmal einen leuchtend blauen Mantel wünschen mit echten Perlmuttknöpfen dran, irgendwann später, wenn der Krieg endlich aus ist.
Ein schmaler Mond hängt am Himmel.
Vielleicht sieht der Papa den jetzt auch, denkt Plascha und geht ein bißchen schneller, um die anderen nicht zu verlieren.

Aus allen Häusern kommen Leute, die zur Christmette wollen. Ihre Schritte dröhnen auf der hartgefrorenen Erde. Mama geht neben Lisa Komorek, die Mädchen sind dicht hinter ihnen. Nur Lodja geht neben Ötte.
Plascha hält Ausschau nach Lisbeth, die wartet schon vor der Kirche. Und sogar die alte Oma Doppka kommt in den frühen Gottesdienst, Plascha erkennt sie schon von weitem an ihrem wippenden Zöpfchen.
Mit wem wird sie wohl Weihnachten feiern? Ihr Mann ist tot, drei Kinder sind ihr vor vielen Jahren an Diphtherie gestorben und ihr Jüngster, der Hippolit, ist gleich zu Anfang des Krieges gefallen. Aber sie sucht ihn immerzu, sie sucht ihn bestimmt noch bis an ihr Lebensende, weil sie nicht glauben kann, daß er tot ist.
Die Glocken beginnen, feierlich zu läuten. Plascha staunt, daß die Kirche schon fast voll ist, obwohl sie so

früh gekommen sind. Die Leute rücken in den Bänken eng zusammen. Es sind überwiegend Frauen und Kinder und alte Männer; fast aus jeder Familie ist mindestens einer irgendwo an der Front.
Der Pfarrer hält einen feierlichen Gottesdienst. Plascha findet das schön, sie mag die Lieder und die Orgelmusik. Nur bei der Predigt muß sie sich wieder ärgern.
„Auch im Krieg vernehmen die Menschen überall auf der Welt die Friedensbotschaft Jesu Christi", sagt der Pfarrer, „und wir alle sind Brüder." Warum machen sie dann überhaupt Krieg, wenn sie alle Brüder sind? Und was ist mit den Schwestern?
Sie guckt vorwurfsvoll zum Altar und hat wieder ähnliche Gedanken wie bei der Grabrede für Hermine.
Warum hast du die Menschen nicht ein bißchen friedlicher gemacht, lieber Gott, denkt sie, du könntest es doch so leicht.
Aber heute ist Weihnachten, da will sie dem lieben Gott keine Vorwürfe machen. Und Mama sagt, der Wille des Herrn ist unerforschlich. Plascha seufzt. Der Pfarrer spricht jetzt von den Gefallenen, von den Opfern, die sie für das Vaterland gebracht haben, und daß sie es in einem anderen Leben besser haben werden.
Plascha guckt in Lisas blasses Gesicht. Der Pfarrer meint schon wieder die Ewigkeit. Als ob das ein Trost wär für die Lisa, die wollte jetzt mit dem Franek leben und nicht in der Ewigkeit.
Nachher beruhigt Plascha sich wieder. Es kommen noch viele schöne Lieder. Und auf dem Heimweg gehen sie in einer fröhlichen Menge, alle wünschen sich frohe Weihnachten und sind guter Stimmung, sogar die Lisa guckt nicht mehr so traurig wie vorhin, als der Pfarrer gepredigt hat.
Sie kommen nach Hause, und der Felix sitzt auf den Steinstufen im Flur. Er friert in seinem weißen Nacht-

hemd, und sein Gesicht ist verweint. Die Tröte liegt neben ihm auf der Treppe.
„Sie geht nicht mehr", schluchzt er unaufhörlich, „sie geht nicht mehr!"
Plascha hebt die Tröte auf und bläst hinein.
Sie geht wirklich nicht mehr. Sie glänzt noch immer, als wär sie aus Gold, doch kein einziger Ton kommt heraus.
Plascha wünscht sich, sie könnte zaubern. Oder sie könnte versprechen: Wir kaufen dir nach Weihnachten eine bessere, die länger hält. Aber sie kann nicht zaubern, und für eine teurere Tröte haben sie ganz bestimmt kein Geld.
Und doch fällt Plascha plötzlich etwas ein: „Wenn der Papa kommt", sagt sie, „der schenkt dir eine neue Tröte, und vielleicht sogar eine Trommel dazu."
„Bestimmt?" fragt der Felix und weiß noch nicht, ob er's glauben kann.
„Bestimmt", sagen alle wie aus einem Mund, Mama und Lisa und Franja und Lischa, Lodja und Plascha.
Und da lacht er wieder, der kleine Bruder, nimmt seine Tröte und jault fröhlich hinein, wie er's mit der Zeitungsrolle gemacht hat; und Plascha findet das Jaulen gar nicht mehr schlimm.
Mama wickelt den Felix in eine Decke, schürt das Feuer im Herd, und sie setzen sich alle um den Küchentisch, zu heißem Pfefferminztee und Brot mit Mettwurst.
Plascha kaut und schluckt und fühlt eine Wärme, die kommt nicht bloß vom heißen Tee und vom glühenden Kohleherd.

7. Kapitel

vom strengen Winter und vom Sommerland, irgendwo weit hinter den Fördertürmen und Stahlfabriken.

Am zweiten Weihnachtstag fällt endlich der Schnee, den Plascha sich schon am Heiligabend gewünscht hat, und sie holen den Schlitten aus dem Keller und ziehen damit auf den Hang hinter Kolpes Feldern, wo man gut rodeln kann, steil oder flacher, wie man gerade Lust hat. Sogar Mama und Lisa gehen mit und fahren ein paarmal den Hang hinunter, abwechselnd mit Felix und Plascha.

Und später bauen sie alle zusammen im Hof einen Schneemann, die anderen Kinder aus dem Haus kommen nach und nach hinzu. Weil niemand eine Mohrrübe hat für die Nase vom Schneemann, kriegt er Augen, Nase und Mund aus Kohlen und auch drei Kohlenknöpfe auf den dicken Bauch. Als Hut setzen sie ihm eine verbeulte Dose auf, die der Felix auf der Müllkippe gefunden hat und eigentlich dem Klüngelskerl verkaufen will, der immer wieder vorbeikommt und Lumpen, Eisen und Papier sammelt.

Am anderen Morgen fehlen dem Schneemann Augen, Nase, Mund und Knöpfe; jemand hat die Kohlen geklaut.

Im Januar und Februar gibt es immer wieder Schnee und Frost, so viel, daß Plascha anfängt, auf den Frühling zu warten.

Der alte Kulla erzählt den Kindern, wie schlimm der Winter für die Soldaten ist, in Frankreich und noch mehr im weiten Rußland; er hat davon in der Zeitung gelesen.

Überall im Reich sterben Menschen am Hungertyphus.

„Kein Wunder", sagt Mama, „Hunger und Kälte und schwere Arbeit, da wird der Körper anfällig für solche Krankheiten."
Der Felix bringt erfrorene Vögel nach Hause und will sie im Garten begraben, aber das geht nicht, der Boden ist knochenhart vom Frost.
Einmal sieht Plascha von weitem, wie der Felix mit dem Kalla Bonnenkamp irgendwohin verschwindet. Zuerst will sie den beiden nachlaufen, sie muß doch den Felix beschützen, weil sie seine große Schwester ist. Aber sie traut sich nicht, sie bleibt in weiter Entfernung, und der Felix sieht auch gar nicht so aus, als ob sie ihn vor dem Kalla beschützen müßte, er hüpft fröhlich neben ihm her. Der Kalla hat eine dicke blaue Bommelmütze auf, die macht seinen Kopf noch größer, und auf dem verschneiten Weg geht er noch unbeholfener als sonst.
„Wo warst du denn mit dem Kalla", fragt Plascha, als Felix nach Hause kommt, „hast du vor dem denn gar keine Angst?"
„Warum soll ich denn Angst vor ihm haben?" fragt der Felix erstaunt zurück, „wir bringen die toten Vögel alle hinter die Friedhofshecke, und wenn es Frühling wird, begraben wir sie."
Vielleicht hat die Mama recht mit dem, was sie über den Kalla gesagt hat, denkt Plascha.

In der Schule wollen alle Kinder nicht zu weit weg vom alten Kanonenofen sitzen, weil man dann friert, aber auch nicht nah dran, da wird es zu heiß.
Fräulein Hölter hat sich für den Winter eine besondere Sitzordnung ausgedacht, um möglichst allen Kindern gerecht zu werden, und sie müssen auch immer wieder die Plätze untereinander tauschen; aber der Graute setzt die, die er nicht leiden kann wie den Ötte, absichtlich nah an den Ofen und sagt:

„Da könnt ihr schon mal ein bißchen schmoren, damit ihr Übung habt für die Hölle."
Lodja erzählt das zu Hause, und der Ötte wohl auch, denn einen Tag später, da hat die Lodja noch mehr zu erzählen, als sie mittags aus der Schule kommt.
„Der Wawciniak war heute beim Graute", sagt sie, „da hättet ihr mal dabei sein sollen."
Alle gucken Lodja erwartungsvoll an, sie soll weitererzählen, alles, denn daß ein Vater oder eine Mutter zum Lehrer geht, das kommt so gut wie niemals vor in der Deutschen-Reich-Schule.
„Hat der Graute ihn denn hinbestellt?" fragt Plascha erstaunt.
„Ach was, der hatte keine Ahnung, der war richtig von den Socken, als der Wawciniak gleich am Anfang der ersten Stunde geklopft hat und hereingekommen ist, eh der Graute überhaupt was gesagt hat."
Lodja muß kichern. „Wir haben den Wawciniak ja schon vorher gesehn, der ist nach der Nachtschicht gar nicht erst nach Hause gegangen, sondern gleich zur Schule, hat sich hinten auf das Mäuerchen gesetzt und gewartet, bis der Unterricht anfing. Sein Bündel mit der Kaffeepulle hing ihm über die Schulter, und die schwarzen Ränder um die Augen hat er wohl nicht ganz weggekriegt beim Duschen, er sah genauso aus, wie er immer nach Hause kommt.
‚Guten Morgen, Herr Graute', hat er gesagt, ‚ich bin der Wawciniak, und der Ötte ist mein Sohn.'
‚So', hat der Graute gemurmelt", erzählt Lodja weiter, „und das war ja wirklich nicht viel, und nachher hat er auch nur wenig gesagt, denn der Wawciniak hat ihn kaum noch zu Wort kommen lassen, der hat geredet, als wenn er Bier getrunken hätte."
„Hat er ja vielleicht", sagt Plascha, „an der Bude gibt's doch frühmorgens schon Bier."

„Ist auch egal“, sagt Lodja, „jedenfalls ist er immer näher auf den Graute zugegangen, ganz langsam, mit kleinen Schritten, und hat den Graute immerzu angeguckt aus seinen Augen mit den schwarzen Rändern, ich glaub, der Graute hat Angst gekriegt, der ist immer weiter rückwärts gegangen, mit jedem Schritt, den der Wawciniak auf ihn zu gemacht hat, bis er mit dem Rücken gegen die Fensterbank gestoßen ist und alle Kinder grinsen mußten. Aber das hat der Graute zum Glück nicht gemerkt, er hat den Wawciniak nicht aus den Augen gelassen, und der ist ihm immer näher auf den Pelz gerückt.
‚Herr Graute‘, hat der Wawciniak gesagt, und auf einmal hat er gesprochen wie der Pfarrer, ‚Herr Graute, jetzt hören Sie mir bitte einmal ganz genau zu. Ich misch mich sonst nicht in Schulangelegenheiten, aber was zuviel ist, ist zuviel. Erstens ist mein Sohn kein dreckiger Pollack, und zweitens wird ein andrer als Sie entscheiden, ob er in die Hölle kommt oder nicht. Ich wehre mich dagegen, daß Sie meinen Sohn noch länger so behandeln.‘
Ganz streng hat er auf den Graute runtergeguckt, als er das gesagt hat, er ist ja ein ganzes Stück größer.
Aber da hat der Graute endlich wieder reden können, wenn auch nicht so laut wie sonst, und er hat gesagt: ‚Wollen Sie mir etwa drohen? Wissen Sie nicht, daß ich ein Beamter des preußischen Staates bin?‘
‚Das kann schon sein‘, hat der Wawciniak geantwortet, ‚aber daß Beamte des preußischen Staates den Teufel spielen dürfen, ist mir neu.‘
Ihr hättet den Graute sehen sollen! Knallrot ist er geworden und hat gesagt: ‚Machen Sie, daß Sie rauskommen, sofort.‘ Aber seine Stimme hat ein bißchen gezittert dabei, er hat überhaupt nicht geschrien wie sonst immer.
‚Ich geh, wenn ich fertig bin‘, hat dafür der Wawciniak gebrüllt, ‚und ich bin gleich fertig. Aber eins sage ich Ih-

nen, Sie lassen meinen Sohn in Frieden, sonst gehe ich bis zur obersten Instanz, und dann werden wir schon sehen, ob Beamte des preußischen Staates alles dürfen. Und außerdem', hat er auf einmal ganz leise gesagt, und ich hab schon gedacht, gleich packt er den Graute am Schlafittchen, ‚außerdem gibt es noch andere Mittel und Wege, glauben Sie mir. Auf Wiedersehen, Herr Graute.' Dann ist er rausgegangen.
Der Graute war immer noch rot im Gesicht und hat ängstlich auf die Tür geguckt, als wenn der Wawciniak gleich wieder reinkommen könnte, und dann mußten wir sofort unsere Lesebücher vornehmen und den Rest der Stunde laut lesen, aber den Ötte hat er nicht einmal drangenommen."
Plascha denkt nach.
Was der Wawciniak mit den anderen Mitteln und Wegen meint, kann sie sich schon vorstellen, wenn sie an seine starken Fäuste denkt. Aber die oberste Instanz? Das kann bestimmt nur der Kaiser sein. Und der Wawciniak müßte doch auch inzwischen wissen, daß man von dem nichts erwarten kann.
„Hoffentlich geht das gut aus", sagt Mama, „hoffentlich kriegt der Ötte jetzt nicht noch mehr Schwierigkeiten, und der Wawciniak dazu."
Plascha ärgert sich, daß Mama gleich Angst hat. Dabei ist es doch gut, daß die Wawciniaks sich wehren, der Ötte und sein Vater. Lodja findet das auch. „Man kann sich nicht alles gefallen lassen", sagt sie, „und ich glaub wirklich, daß der Graute heute Angst gekriegt hat, und das geschieht ihm ganz recht."
Und es bleibt kalt in den nächsten Wochen, aber der Graute setzt niemanden mehr direkt neben den heißen Kanonenofen, und er schlägt den Ötte nicht mehr, er behandelt ihn wie Luft.

Bei Plascha zu Hause haben sie auch Schwierigkeiten wegen der Kälte. Sie müssen sparsam heizen, weil Mama heimlich Deputatkohle verkauft hat, um an ein bißchen Geld zu kommen. So sehr der alte Kulla sich auch bemüht hat, Schuhe zu flicken, die Lischa hat unbedingt neue gebraucht. Und Arznei muß Mama kaufen, weil das Asthma so schlimm ist.

Abends gehen sie früh ins Bett, selbst Mama, und sie legen heiße Ziegelsteine in die Betten, um es ein bißchen wärmer zu haben. Und obwohl sie die Tür zwischen den Zimmern offenlassen, ist manchmal morgens das Bettzeug an manchen Stellen steifgefroren, wenn der Frost durch die Fensterritzen kriecht.

Früher haben sie den Ofen bei solcher Kälte die Nacht über durchbrennen lassen; aber das können sie sich jetzt nicht mehr leisten.

Plascha denkt sich ein Spiel aus, das heißt Sommerland. Sie spielt es am liebsten mit Felix.

„Ich geh jetzt nach Sommerland", ruft Plascha, „willst du mit?"

„Was ist denn das für ein Land?" fragt der Felix.

„Es ist das schönste Land der Welt!" Plascha macht ein geheimnisvolles Gesicht. „Man braucht keine Schuhe und keine Mäntel, weil es das ganze Jahr über warm ist. Krank wird man dort nie. In den Gärten wachsen Obstbäume, die hängen voller Kirschen, Äpfel, Birnen und Pflaumen, man braucht sich nur auf die Zehenspitzen zu stellen und zu pflücken."

„Ja darf man denn das?" fragt der Felix, „kommt niemand und jagt einen weg?"

„Niemand", sagt Plascha, „die Bäume gehören allen."

„Allen?" Der Felix staunt. „Auch den Armen?"

„Arme gibt es in Sommerland nicht", sagt Plascha, „keinen einzigen, und Reiche gibt es auch nicht. Alle Leute in

Sommerland haben immer genug zu essen. Auf den Feldern wächst Gemüse, sämtliche Sorten, die man sich denken kann, und Getreide, soviel man braucht."
„Und das Brot schmeckt so gut wie beim alten Kulla?" fragt Felix neugierig.
„Genauso gut", sagt Plascha, „und stell dir vor, auch für Blumen ist ganz viel Platz in den Gärten, sie werden groß und bunt in der Sonne."
„Und wie kommt man dahin, nach Sommerland?" will der Felix wissen.
„Der Weg nach Sommerland ist weit und gefährlich", flüstert Plascha, als ob es sonst keiner hören dürfte, „denn Sommerland liegt weit, weit hinter den Fördertürmen der Zechen und weit hinter den Schornsteinen der Stahlfabriken; kleine Kinder verlaufen sich leicht."
Da macht der Felix ein ängstliches Gesicht.
„Soll ich dir den einfachsten Weg verraten?" fragt Plascha.
„Sag schon", drängt der Felix, „ich möchte so gerne dahin."
„Mach die Augen zu", sagt Plascha, „mach deine Augen ganz fest zu."
Sie steckt dem Felix etwas in die linke Hosentasche.
„Was ist das?" fragt er und fühlt.
„Kohle", sagt Plascha, „ein kleines glänzendes Stück Kohle, du mußt es in der linken Hosentasche tragen, und laß ja deine Augen zu!"
„Warum in der linken Tasche?" fragt Felix.
„Weils's sonst nicht gilt", sagt Plascha und nimmt den Felix fest an die Hand.
Und dann kommen sie nach Sommerland, und die Bäume hängen voller Obst, und der Felix staunt und steckt sich sofort eine Handvoll süßer Kirschen auf einmal in den Mund, und der Saft läuft ihm am Kinn herunter,

und er spuckt die Kerne alle in die Wiese. „Da wachsen neue Bäume“, sagt er.
Plascha pflückt sich einen Apfel, der wiegt bestimmt ein halbes Pfund, und Felix probiert eine gelbe Birne.
Sie legen sich nebeneinander ins Gras und lassen sich die Sonne einmal auf den Rücken scheinen und einmal auf den Bauch.
„In Sommerland gibt's keine armen Leute“, sagt Plascha noch einmal zufrieden, während sie kaut, „und in Sommerland gibt es erst recht keinen Krieg.“

8. Kapitel

von Charly und Rumba, und warum sich Plascha auf einmal von zu Hause weg sehnt.

Endlich, endlich wird es Frühling. Am liebsten würde Plascha ausgelassen um die ersten Huflattiche herumtanzen, die gelb an den Straßenrändern blühn. Morgens beim Aufstehen ist es schon richtig hell, und draußen singen die Amseln. Wenn Plascha abends zu Kolpes geht, um Franja abzuholen, dann kann sie sehen, daß die Fliederbüsche ganz dicke Knospen haben.
Auf der Straße und in den Höfen spielen die Kinder Fangen, Verstecken und Blindekuh. Noch gibt es in den Gärten und auf den gepachteten Feldern nicht so viel Arbeit, da bleibt mehr Zeit zum Spielen als im Sommer und im Herbst.
Plascha und Lisbeth malen im Hof Kästchen auf für Himmel und Hölle, und der Felix und der Willi rollen sich gegenseitig den Ball zu, den Mama aus bunten Stoffresten genäht und mit kaputten Socken ausgestopft hat.

„Frühling", sagt die Oma Doppka bedächtig, steckt schnuppernd ihre Nase in die Luft und nickt zufrieden. „Im Frühling kommt er bestimmt zurück." Sie sagt es allen, denen sie begegnet. Und ihr Zöpfchen hüpft munter bei jedem Schritt, wenn sie schon früh am Morgen zum Bahnhof geht. Dort setzt sie sich auf eine Bank, und wenn ein Zug kommt, springt sie auf und wartet darauf, daß der Hippolit aussteigt.
Die Leute reden darüber und machen sich Gedanken, aber helfen kann der Oma Doppka keiner.
Mittags geht sie nach Hause, nickt den Leuten unterwegs freundlich zu oder erzählt ihnen, daß sie gleich zwei

Pellkartoffeln ißt oder Steckrüben, sie kocht sich immer einen Topf voll für die ganze Woche, wenn sie welche hat. Dann wischt sie Staub in der Kammer vom Hippolit, sagt sie, damit auch alles in Ordnung ist, wenn er kommt, und sie kämmt sich noch einmal ihr Zöpfchen und läuft zum Bahnhof zurück, um den Hippolit ja nicht zu verpassen. Und am Bahnhof wartet sie bis abends, Tag für Tag.

Klärchen Wischnewski bringt ein dickes Kissen auf die Steinstufen vor der Haustür und setzt sich drauf. Sie ist stolz, weil sie im Winter Häkeln gelernt hat. Sogar einen Topflappen hat sie geschafft, einen blauen mit weißen Mausezacken. Jetzt müht sie sich mit dem zweiten ab; bunte Schnüre mag sie nicht mehr.

Der Felix und der Kalla graben Huflattiche mit der Wurzel aus und pflanzen sie auf die Gräber der Vögel, die im Winter erfroren sind; sie haben sie hinter der Friedhofshecke begraben, sobald die Erde frei war von Frost.

Und mit dem Frühling kommt auch der Charly endlich wieder.

Eines Mittags sitzt Plascha über ihren Rechenaufgaben, da hört sie Charlys Flöte von weit.

Schon ist sie aus der Tür und läuft ihm entgegen; seit letzten Herbst hat sie ihn nicht mehr gesehen. Jetzt fällt ihr auf, daß sie den Charly vermißt hat wie die Helligkeit am Morgen und wie das Singen der Vögel.

„Lumpen, Eisen, Knochen und Papier", ruft der Charly, „ich zahle den höchsten Preis dafür." Es ist mehr ein Singen als ein Rufen, und der Charly ist schon ganz nah.

Außer Atem biegt Plascha in die Germaniastraße ein, Lisbeth kommt ihr von der anderen Seite entgegen.

Der Charly spielt noch einen verrückten Triller, dann bringt er seinen Wagen neben den Kindern zum Stehen, springt vom Kutschbock herunter und zieht seinen schwarzen Zylinderhut. Ein kleiner strubbeliger Hund streckt seinen Kopf hinten unter der Plane hervor, läßt ein fröhliches Gebell hören und springt mit einem Satz aus dem Wagen.

Die Mädchen wissen nicht, wen sie zuerst begrüßen sollen, den Charly oder seinen strubbeligen Rumba.

„Guten Tag, meine Schönen“, sagt Charly, hebt die Mädchen eine nach der anderen auf den Kutschbock und den Rumba hinterher, der macht es sich auf Plaschas Schoß gemütlich.

Bevor der Charly selbst wieder hinaufklettert und die Zügel in die Hand nimmt, greift er in eine seiner Jackentaschen und sucht ein Stück Zucker für seinen Braunen.

„Charly, wo bist du so lange gewesen?“ fragt Plascha und sieht ihn mit leuchtenden Augen an.

„Ich bin ein Zugvogel, das weißt du doch“, sagt der Charly.

„Ich weiß, und ein Flötenspieler, Schrotthändler, Einmannzirkusdirektor und...“, Plascha zögert.

„Und was ist er noch?“ fragt Lisbeth.

Plascha schluckt. „Ein verzauberter Prinz.“

„Ein verzauberter Prinz?“ fragt Charly, „bist du sicher?“

Nein, ganz sicher ist sie nicht. Aber Fräulein Hölter hat von einem erzählt, der hatte auch so blitzende, weiße Zähne und schwarzes, lockiges Haar, und mit seinem Flötenspiel hat er die schlimmsten Drachen gezähmt, aber verzaubert ist er gewesen, bis...

Plascha wird rot. Nein, davon sagt sie nichts.

Ob der Charly über sie lacht?

Ach was, der Charly zählt gerade die Namen der Städte und Gegenden auf, durch die er im letzten Jahr gekommen ist, und die Flüsse und Berge, die er gesehen hat,

und Plascha denkt, daß es ein Wunder ist, daß der Charly noch nicht im Morgenland war.
Aber er fährt selten weiter als bis nach Süddeutschland, sagt er, nur in der Schweiz und in Österreich ist er manchmal gewesen und mehrmals in Holland. Für Plascha ist das alles sehr weit weg.
Wenn der Charly von seinen Fahrten und Wanderungen erzählt, dann begreift Plascha auf einmal, daß die Welt so viel größer und bunter ist als ihre Stadt und die paar Nachbargemeinden, die sie kennt, viel bunter auch als das Dorf aus Mamas Kindheit mit seinen Feldern, Wäldern und Wiesen.
Wenn der Charly von breiten Flüssen erzählt, auf denen große Schiffe fahren, und von Bergen, auf deren Gipfeln der Schnee das ganze Jahr nicht schmilzt, wenn er glitzernde Seen beschreibt oder Hänge voll Wein, wenn er sagt Amsterdam oder Zell am See oder Zwingenberg, dann klingt das in Plaschas Ohren nach, und sie möchte am liebsten auf dem Kutschbock von Charlys Wagen sitzenbleiben und mit ihm durch die Lande ziehen und das alles auch einmal sehn. Sie kennt sonst keinen wie Charly.
Er hat keinen festen Beruf und keinen Ort, wo er wohnt, er zieht mit seinem Wagen durch die Lande und handelt mit Schrott; er hat seinen Hund, der eine Menge Kunststücke kann, mit dem gibt der Charly manchmal Zirkusvorstellungen auf Marktplätzen und Schulhöfen, und er schluckt Feuer und fährt Einrad, und zaubern kann er auch.
Von alledem lebt er, meistens mehr schlecht als recht.
Ein paarmal hat der Charly versucht, auf der Zeche zu arbeiten, und einmal auch in der Stahlfabrik. Aber das ist nichts für ihn, das ist die Hölle, sagt er, wenn er darauf zu sprechen kommt. Der Kaspar Kulla ist sein Freund, den kennt er vom Pütt, beim großen Streik 1912 sind sie

beide rausgeflogen und auf die schwarze Liste gekommen. Der Kaspar hat auf einer Zeche in Dortmund angefangen, aber der Charly hatte die Nase voll, der ist lieber wieder mit seinem Wagen rumgezogen. Und auf dem Stahlwerk hat er es sowieso nur zwei Tage lang ausgehalten, da hat er gesehn, wie sich einer, der eine Sekunde zu langsam war, mit dem glühenden Stahl beide Beine verbrannt hat, und ist auf der Stelle davongelaufen.
Nie wieder will der Charly solche Arbeiten machen. Der Charly will auch nirgendwo bleiben, er ist gerne unterwegs, und überall hat er Freunde.
Plascha und Lisbeth kennen den Charly schon lange, noch von vor dem Krieg. Einmal war was an seinem Wagen kaputt, und Papa, der gerade von der Zeche kam, hat dem Charly beim Reparieren geholfen. Damals sind Plascha und Lisbeth zum erstenmal vorn bei Charly auf dem Kutschbock durch den Ort gefahren, und Plascha hat allen Leuten zugewinkt.
Nein, so einen wie den Charly gibt es sonst nicht. Es gibt noch andere Klüngelskerls, aber die wohnen in der Gegend und kommen regelmäßig vorbei, wenn auch in letzter Zeit seltener, denn die Leute haben kaum noch was übrig für den Klüngelskerl. Und so schön wie der Charly kann kein anderer Flote spielen, keiner tragt einen Zylinderhut, und keiner läßt jemals Kinder auf dem Kutschbock mitfahren.
„Charly, wie geht's deinem Bruder in Amerika?" fragt Lisbeth.
Charlys Bruder ist nämlich vor etlichen Jahren nach Amerika ausgewandert, da hieß der Charly noch Karl. Und sein Bruder, der Hans hieß, hat ihm nach einiger Zeit aus Amerika einen Brief geschrieben, der fing an mit „Lieber Charly", und unterschrieben war er mit „Dein John".
Seitdem heißen sie Charly und John oder Johnny, und sie

schreiben sich jedes Jahr zwei lange Briefe, einen zu Weihnachten und einen im Juli, weil sie beide im Juli Geburtstag haben, einer am Anfang vom Monat und einer mittendrin.
Der Charly ist aber noch nie in Amerika gewesen, obwohl sein Bruder ihn schon oft eingeladen hat und sogar das Geld für die Reise schicken wollte. Übers große Wasser traut er sich nicht, der Charly, und die Sprache kann er nicht, und sein Pferd und den Wagen will er nicht hergeben.
„Ich hab lange nichts mehr von Johnny gehört", erzählt der Charly, „diesmal hab ich keinen Weihnachtsbrief von ihm gekriegt, zum erstenmal in den vielen Jahren, die er jetzt drüben ist. Das muß was mit dem verdammten Krieg zu tun haben und mit der Seeblockade. Vor ungefähr einem Jahr haben die Deutschen den uneingeschränkten Unterseebootkrieg erklärt, deshalb sind die Amerikaner gegen uns in den Krieg eingetreten. Mein Bruder hat mir in seinem letzten Julibrief geschrieben, daß er Angst hat, eingezogen zu werden, weil er inzwischen Amerikaner ist. Er hält sowieso nichts von Krieg, genau wie ich, und jetzt müßte er auch noch gegen seine eigenen Landsleute kämpfen, denn Deutscher bleibt er doch, auch mit amerikanischer Staatsangehörigkeit. Vielleicht ist er untergetaucht, oder vielleicht ist sein Weihnachtsbrief verlorengegangen in dem Durcheinander, das der Krieg mit sich bringt. Hoffentlich haben sie ihn nicht noch zu den Soldaten geholt. Lange halten die Deutschen den Krieg sowieso nicht mehr durch. Sie müssen wohl oder übel in Friedensverhandlungen einwilligen."
Plascha kriegt vor Freude einen Schreck. Sie weiß vom Wawciniak und vom alten Kulla, daß es schon seit Jahresbeginn immer wieder Streiks gibt auf den Zechen und in den Fabriken, weil die Leute endlich Frieden wollen

und wieder genug zu essen neben aller Sorge um die Soldaten.
„Aber die da oben sind nicht gescheit", hat der alte Kulla zornig gesagt, „sie opfern immer mehr Menschenleben, sie schicken die jungen Männer als Kanonenfutter an die Front, und uns wollen sie weismachen, sie könnten den Krieg gewinnen und Kolonien erwerben, und sie scheren sich den Deubel darum, daß die Leute hungern und kaum ihre Arbeit schaffen bei den mickrigen Lebensmittelrationen. Die da oben, die hören einfach nicht auf mit ihrem verdammten Krieg."
Aber wenn sie aufhören müssen? Das will Plascha gleich der Mama erzählen, wenn sie nach Hause kommt.
„Vielleicht hat dein Bruder es genauso schlau angestellt wie du bei der Musterung, und er braucht kein Soldat zu werden", sagt Lisbeth, und da müssen sie alle drei lachen. Der Charly hat früher einmal erzählt, daß er kriegsuntauglich gestempelt worden ist, weil er Anfälle kriegt von Zeit zu Zeit, und er hat ihnen sogar den Stempel in seinen Papieren gezeigt.
Plascha und Lisbeth haben es trotzdem nicht glauben können, weil der Charly doch so gesund aussah.
Da lag er plötzlich neben ihnen am Boden und hat mit dem ganzen Körper gezuckt und hatte Schaum vor dem Mund und gab keine Antwort auf ihre Fragen.
Plascha und Lisbeth haben es mit der Angst gekriegt, aber da ist der Charly lachend aufgestanden und hat gesagt: „Mir geht's schon wieder gut." Und Plascha und Lisbeth haben gewußt, was das für Anfälle sind, die der Charly kriegt, und sie haben sich gewünscht, daß ihre Väter so was auch könnten.

„Warum bist du diesmal so lange weggeblieben?" fragt Plascha.
„Was krieg ich hier schon bei Schnee und Eis", sagt der

Charly, „die Lumpen hängen sich die Leute um oder machen noch irgendwas daraus, seit es keine ordentlichen Stoffe mehr gibt. Das Eisen und andere Metalle sind längst für Waffen verbraucht, jetzt schmelzen sie sogar Kirchenglocken ein, hab ich gehört, und Dachrinnen, Blitzableiter, Türklinken, ich weiß nicht, was sie alles bei den Leuten sammeln für die Rüstungsindustrie, da bleibt für die Klüngelskerls kaum noch was übrig. Und das bißchen, was wir sammeln können, ist ja auch wieder für die Rüstung. So ist das im Krieg. Aber da mach ich nicht mit. Und wenn ich an mein Sprüchlein denke, Lumpen, Eisen – dann wären noch die Knochen und das Papier, und den Kram verheizen die Leute inzwischen lieber, statt ihn für ein paar Pfennige oder eine Schüssel an mich zu verhökern. Wozu brauchen sie Schüsseln, wenn sie nichts zu beißen haben?"
„Wir mahlen die Knochen in der Knochenmühle für die Hühner", sagt Lisbeth.
„Das ist gescheit", sagt der Charly, „und jetzt wißt ihr, warum ich so lange weggeblieben bin, denn Zirkusvorstellungen kann ich bei Eis und Schnee ja auch nicht geben ohne Zelt."
„Und was hast du im Winter gemacht?" fragt Plascha.
„Ich bin in Holland bei einem kleinen Zirkus gewesen. Tam-ta-dam. Amsterdam und Rotterdam und viele kleinere Orte, Häfen vor allem; Rumba und ich hatten unseren Spaß dabei, reich sind wir nicht geworden, aber immer satt, und das ist doch was wert, oder? Als der Frühling kam, haben wir's nicht mehr ausgehalten, da sind wir wieder auf Wanderschaft gegangen; ich wollte mit eigenen Augen sehen, wie's in Deutschland inzwischen aussieht."
„Und was meinst du, wie sieht es aus?" fragt Lisbeth.
„Nicht gut", sagt der Charly bekümmert, „gar nicht gut."

„Hast du neue Kunststücke gelernt?“ fragt Plascha.
„Ein paar. Wir haben einige Sachen ausprobiert, Rumba und ich.“
„Kannst du nicht eine Vorstellung geben, gleich jetzt, auf dem nächsten größeren Platz, bitte!“ sagt Plascha, „Lisbeth und ich könnten nachher mit deinem Zylinderhut rumgehen und Geld einsammeln.“
Charly guckt zweifelnd zur Sonne. „Ich weiß nicht“, sagt er, „ist es nicht heute schon ein bißchen spät dafür? Ich könnte in den nächsten Tagen auf dem Marktplatz ...“
„Nein“, betteln Plascha und Lisbeth, „so spät ist es doch noch nicht!“ Sie möchten die neuen Kunststücke am liebsten sofort sehen, und mit dem Hut rumgehen und Geld einsammeln würden sie auch lieber hier als auf dem Marktplatz, denn ihre Mütter sind vielleicht nicht so begeistert davon.
„Rumba, magst du deinen Freundinnen eine kleine Vorstellung geben, mal zeigen, was wir in Holland ausprobiert haben?“ fragt der Charly und zwinkert dem Hund auffordernd zu. Der bellt. „Also bist du einverstanden“, sagt Charly.
Als sie einen geeigneten Platz gefunden haben, bringt der Charly Pferd und Wagen in den Schatten, holt sein Einrad heraus und fährt kreuz und quer über den Platz, in Achten und Schleifen, immer schneller, und Rumba läuft hinter ihm her und schlägt Purzelbäume und versucht vergebens, den Charly einzuholen, und die Leute bleiben mit offenem Mund stehen und staunen über den Charly und lachen über den Rumba.
„Aufgepaßt, aufgepaßt“, schreit der Charly, „Sie sehen heute den berühmtesten Ein-Mann-und-ein-Hund-Zirkus Europas. Bleiben Sie und überzeugen Sie sich selbst!“
Von allen Seiten kommen Neugierige gelaufen, es ist ein Geschiebe und Gedränge, und der Charly kommt mit sei-

nem Einrad kaum noch von der Stelle. Aber jetzt hat er anderes vor.
Er verschwindet mit Rumba in seinem Planwagen und kehrt als rotweißgestreifter Clown zurück, und auch sein Strubbelhund sieht auf einmal aus wie ein Clown mit der Halskrause und dem winzigen Hütchen auf dem rechten Ohr.
Die beiden müssen sich erst einmal Platz schaffen.
Und dann geht's auch schon los: Der Charly spielt einen Walzer auf seiner Flöte, und der Rumba will dazu tanzen, aber er kommt immer wieder aus dem Takt und ganz durcheinander. Und dann spielt der Charly falsch, weil er dem Rumba die Tanzschritte vormachen muß, und sie stolpern über ihre eigenen Beine und stolpern einer über den anderen und überbieten sich gegenseitig an Tolpatschigkeit.
Die Leute auf dem Platz johlen vor Vergnügen.
„Und jetzt sehen Sie unsere besten Zauberkunststücke", ruft der Charly in die Menge, nachdem die Clownsnummer beendet ist, „monatelang haben wir dafür trainiert."
Und sie zaubern mit Spielkarten und Zeitungen und mit dicken und dünnen Schnüren, die sie verkürzen und verlängern, bis sie auf einmal wieder alle gleich lang sind, und keiner weiß wie, und aus Rumbas Nase wächst eine purpurrote Papierblume, und wächst und wächst auf unerklärliche Weise.
„Halten Sie Ihre Geldbeutel ganz fest, wenn Sie welche dabei haben", ruft der Charly, „unbedingt festhalten, sonst..."
Plascha sieht, wie manche Leute schnell in ihre Taschen greifen, aber inzwischen hat der Charly den Rumba dreimal mit seinem blausilbern glänzenden Zauberstab berührt und eine Zauberformel gemurmelt, die Plascha leider nicht richtig verstanden hat, und Rumba macht sein

Maul auf und hat einen Geldbeutel zwischen den Zähnen.
„Das ist meiner", schreit ein Mann aus der ersten Zuschauerreihe, „das ist meiner, ganz bestimmt!"
„Keine Sorge." Charly versucht, den aufgeregten Mann zu beruhigen. „Rumba ist ein ehrlicher Hund, Sie kriegen Ihr Geld sofort zurück!"
Und Rumba legt dem verdatterten Mann das Portemonnaie genau vor die Füße. „Hab ich's Ihnen nicht gesagt?" ruft der Charly vergnügt, „halten Sie Ihre Geldbeutel fest, mein Zauberstab bringt unglaubliche Dinge zustande. Aber wenn Ihnen unsere Vorstellung gefallen hat, vielleicht halten Sie Ihren Geldbeutel nicht nur fest, vielleicht machen Sie ihn auf und greifen gleich einmal hinein für uns Artisten, bevor wir zum Höhepunkt unserer Vorstellung kommen!"
Und Charly und Rumba verbeugen sich tief vor dem Publikum, und dann wirft Charly seinen Zylinderhut zu Plascha hinüber, und sie geht mit Lisbeth durch die Reihen, und die beiden Mädchen freuen sich, weil die Leute so freigebig sind, manche laufen extra nach Hause und holen einen Groschen oder zwei, und der Metzger bringt eine Wurst für Charly und ein paar Fleischknochen für Rumba.
Die Vorstellung scheint den Leuten genauso gut zu gefallen wie Plascha und Lisbeth, jetzt warten alle gespannt auf den angekündigten Höhepunkt.
Der Charly wird zu einem furchtlosen Dompteur, und aus dem kleinen strubbeligen Hund wird mit einem Mal ein wildes Tier, er knurrt und brüllt, und sein Fell sträubt sich, und drohend fletscht er die Zähne; erschrocken weichen die Leute zurück, so gefährlich sieht Rumba aus.
Mit sanfter Stimme redet der Dompteur auf ihn ein, wagt sich schrittchenweise an ihn heran, immer näher, bis das Raubtier allmählich friedlicher wird, und der

Dompteur darf es sogar streicheln, und über einen schmalen Steg läßt er es balancieren und einen Ball hoch aus der Luft mit der Schnauze auffangen, und zum Schluß, ja zum Schluß springt der wilde Rumba dreimal hintereinander durch einen brennenden Reifen und kriegt donnernden Applaus. Plascha drückt mit der einen Hand den Zylinderhut fest an sich und mit der anderen Lisbeths Arm, sie hat sich so aufgeregt, als der Rumba durch den brennenden Reifen gesprungen ist.
Im Nu sind die beiden Artisten von begeisterten Zuschauern umringt; Plascha und Lisbeth versuchen mühsam, sich zu ihnen durchzukämpfen.
Plascha hat Angst, jemand könnte ihr den Zylinderhut mit dem Geld aus der Hand reißen und damit im Gedränge verschwinden.
„Auseinander", schreit eine Stimme aufgebracht, „sofort alle auseinandergehen, was ist denn das hier für ein Volksauflauf?"
Ein Polizist ist auf den Platz gestürmt. Er ist groß, und durch den hohen schwarzlackierten Tschako auf seinem Kopf ragt er über alle anderen Köpfe hinweg. Er versucht, die Leute zu verscheuchen, aber die wollen nicht gehen. „Hau ab, Tschako", ruft eine alte Frau. „Gönn uns ruhig ein bißchen Spaß, ist doch sonst ein Hundeleben!"
Und der wütende Tschako beschimpft den Charly, daß er im Krieg, wo doch unsere Männer an der Front ihr Bestes freudig fürs Vaterland geben, wie er da so unernste Sachen machen und die Leute mitten am Nachmittag von der Arbeit abhalten kann, und angemeldet sei die Vorstellung ja wohl auch nicht gewesen, und ob er nicht wüßte, daß während des Krieges...
Plascha und Lisbeth verstecken sich mit dem Zylinderhut in einem Hauseingang, der Tschako scheint sie nicht bemerkt zu haben.

Ängstlich gucken sie zu, was der Tschako mit Charly macht.
Aber der Charly ist wirklich ein Zauberer, auch mit Menschen.
Sie können nicht verstehen, was er sagt, aber sie sehen, daß er auf den Polizisten einredet, langsam beruhigt sich das aufgeregte Polizistengesicht, auf einmal lächelt der Tschako und dann lacht er laut und dröhnend, und zum Schluß hilft er dem Charly sogar, seine Sachen zusammenzupacken.
Plascha und Lisbeth bleiben trotzdem in ihrem Versteck, bis der Polizist endlich weg ist, sicher ist sicher.

Jetzt guckt Plascha auch auf die Sonne wie vorhin der Charly und kriegt einen Schreck, es ist spät geworden. Und bis sie mit dem Wagen wieder zu Hause sind, das wird noch eine ganze Weile dauern.
Hoffentlich macht die Mama sich keine Sorgen. Plascha hofft, daß die Mama sich schon denkt, daß der Charly sie wieder einmal mitgenommen hat, und daß der Ausflug ein bißchen länger dauert.
Jetzt muß der Charly erst mal sein Geld kriegen, und sie will ihm gratulieren und ihm sagen, daß er einmalig gewesen ist.
Charly strahlt, und er teilt das Geld sofort in fünf gleiche Teile: für Plascha und Lisbeth, für den Braunen, für Rumba und für sich. „Da kriegen wir alle fünf was Gutes zu beißen", sagt der Charly fröhlich.
So viel Geld haben Plascha und Lisbeth noch nie für sich allein gehabt. Plascha würde der Mama und den Geschwistern gerne was mitbringen, aber sie dürfen jetzt keine Zeit mehr verlieren, Lisbeth hat auch schon Angst, daß ihre Mutter schimpft, bestimmt warten die Hühner längst auf Futter, und das ist immer Lisbeths Arbeit.
In Eile fahren sie los, Charly nimmt den kürzesten Weg

zurück. Und während der Fahrt muß er ganz genau erzählen, wie es im Winter in Holland war, Amsterdam und Rotterdam, den Zirkus und die großen Schiffe in den Häfen, alles muß er den Mädchen beschreiben.
Zuerst setzt Charly Lisbeth zu Hause ab und anschließend Plascha, und dann fährt er zum alten Kulla, um zu fragen, ob es neue Nachrichten vom Kaspar gibt.

Zu Hause sieht Plascha heute alles mit anderen Augen.
Dreck, denkt sie und guckt sich den Ruß auf der Fensterbank an. Der ist eigentlich immer da, denn wenn man ihn eben weggewischt hat, bildet sich sofort wieder eine dünne schwarze Schicht, die langsam dicker wird. Manchmal malt Plascha Männchen rein oder schreibt: Du bist doof. Dann mag sie den Kohlenstaub.
Berge und Seen und Flüsse, und die Blätter leuchten grün in der Sonne, hat der Charly vom Süden erzählt. Da liegt kein schwarzer Staub auf den Blättern, da nicht.
Und wie eng bei ihnen alles ist! In der Schlafkammer kommt man kaum zwischen den Betten durch; dabei sind sie doch alle so dünn.
Die vielen abgestoßenen Stellen am Emaillegeschirr fallen Plascha auf.
„Du trocknest immerzu denselben Teller ab“, sagt Lodja vorwurfsvoll.
Plascha merkt, daß sie wieder geträumt hat.
Und dann ist Mama auch noch richtig böse. „Du machst, was du willst“, schimpft sie. „Es ist dir egal, ob ich mir Sorgen mache.“
Das ist so ungerecht. Plascha hat einfach die Zeit vergessen. Bestimmt hat Mama Charlys Flöte gehört. Sie kennt ihn doch. Sie muß einfach verstehen, wie schön es ist, mit Charly durch die Gegend zu fahren und ihm zuzuhören und seine Vorstellung zu sehn.
Heute rückt Plascha im Bett ganz weit von Mama weg.

Am anderen Morgen auf dem Schulweg reden Plascha und Lisbeth nur von Charly, der Schulweg ist viel zu kurz.
Lisbeths Mutter hat wirklich geschimpft, und die Hühner waren auch schon gefüttert. Aber wenn Lisbeths Mutter schimpft, dann ist es nachher wieder gut, Plascha wünscht sich, Mama wäre auch so und würde nicht immer so lange ein trauriges Gesicht machen.
„Wo bist du denn heute mit deinen Gedanken, Kind?" fragt Fräulein Hölter in der Religionsstunde, mitten in der Bibelgeschichte vom Jonas, der im Walfischbauch verschwindet.
Verwirrt guckt Plascha Fräulein Hölter an und wird rot und ärgert sich. Sie muß aufhören, immerzu an das zu denken, was der Charly ihr in den Kopf gesetzt hat.
Aber bei der Geschichte von Jonas, da hat Plascha plötzlich die großen Pötte im Hafen von Rotterdam gesehen, die der Charly so genau beschreiben kann. Dam. Tadam. Ta-dam. Amsterdam und Rotterdam. Und der Walfisch taucht unter den dicken Pötten durch mitsamt dem Jonas in seinem Bauch. Eine Schiffssirene tutet. Der Jonas erschrickt fürchterlich im Walfischbauch. Nein, Plascha muß jetzt ganz genau aufpassen auf das, was Fräulein Hölter erzählt.

Mittags will Felix mit Plascha spielen.
„Komm, wir gehen mal wieder nach Sommerland", schlägt er vor.
„Laß mich in Ruh", sagt Plascha.
Nach einer Weile kommt der Felix und hat beide Hände auf dem Rücken versteckt. „Welche Hand willst du?"
„Keine." Plascha will seine Überraschung nicht. Sie will sich neue Länder ausdenken, und den Felix kann sie dabei nicht gebrauchen.
Dam. Ta-dam.

Felix nimmt seine beiden Hände nach vorn und macht sie langsam auf. In der linken Hand liegt ein Schneckenhaus und glänzt; es hätte gut zu den beiden anderen gepaßt.

Plascha macht den Abwasch und ihre Schulaufgaben und mistet den Hippenstall aus, aber in ihren Gedanken ist sie immer mit Charly unterwegs. Und sie mag Mama gar nicht ansehen, die guckt immer noch traurig und enttäuscht. Es ist so schwierig geworden mit Mama, man muß sie behandeln wie ein rohes Ei.

Abends geht Plascha zu Kolpes und holt Franja ab. Franja ist noch nicht fertig mit dem vielen Geschirr vom Abendbrot. Plascha hilft ihr abtrocknen und wegräumen, und Frau Kolpe kommt dazu und fragt Plascha, ob sie nicht manchmal für ein paar Stunden aushelfen kann, wenn besonders viel zu tun ist, sie könnte Lebensmittel dafür bekommen, Mehl und Eier und Speck.

Ja, das würde Plascha gerne tun, dann könnte sie auch ein bißchen mithelfen, die Familie zu versorgen, solange der Papa im Krieg ist.

Auf dem Heimweg redet sie mit Franja über Mama.

„Warum ist Mama denn so empfindlich geworden?“ fragt Plascha. „Ich weiß, daß sie Sorgen hat wegen Papa, aber wir sind doch auch noch da.“

„Du hättest gestern nicht einfach weggehen und so spät nach Hause kommen sollen“, sagt Franja. „Mama hat es schon schwer genug. Sie hört nichts von Papa, sie weiß manchmal kaum noch, wo sie Essen und Kleidung für uns hernehmen soll, und gesund ist sie auch nicht.“

„Aber ich kann doch nichts dafür“, schreit Plascha, „immer sollen wir brav sein und Rücksicht nehmen auf Mama, ich kann doch nichts dafür, daß der Krieg so lange dauert.“

„Du brauchst nicht so zu schreien“, sagt Franja, „ich versteh dich auch so.“

Fräulein Hölter hat eine Geschichte vorgelesen, da kam das Wort Sehnsucht drin vor. Sich sehnen. Plascha sehnt sich nach Papa und nach Frieden, und heute sehnt sie sich ganz weit weg, nach Holland oder in den Süden, wo kein Ruß auf den Blättern liegt.

9. Kapitel

vom Kinderkrieg Blücherstraße gegen Sedanstraße und vom Felix, der mitten am Tag ins Bett geht und sich die Schwarzmännchen wünscht.

Es ist ein heißer Tag im September. Nach dem Mittagessen, als Plascha und Lodja ihre Schulaufgaben machen, geht Mama in die Schlafkammer, und als sie wieder herauskommt, hat sie ihr Sonntagskleid an und den Strohhut mit dem blauen Band auf.
„Es sind wieder welche von der Westfront auf Urlaub gekommen", sagt sie so leise, als spräche sie nur zu sich selbst, und sie guckt auch niemanden an dabei. „Bis nachher." Sie geht. Und Plascha verrechnet sich dauernd, weil sie darüber nachdenken muß, wie Mama wohl heute abend wiederkommt.
Dieser Krieg muß doch endlich mal aufhören, der Charly hat es schon im Frühling gesagt. Und angeblich hat es schon Waffenstillstands- und Friedensverhandlungen gegeben, sagt der Wawciniak. Aber sie kämpfen immer noch, jedenfalls an der Westfront in Frankreich.
Mit einem Ruck wird die Küchentür aufgerissen, und der kleine Willi von nebenan stürzt rein, einfach so, ohne anzuklopfen, sein linker Hemdsärmel ist ein ganzes Stück eingerissen, und er sieht aus, als hätte er gerade eine Klopperei hinter sich.
„Was ist denn los?" fragt Plascha, „wie siehst du denn aus?"
„Der Felix sitzt in der Blücherstraße auf einem Mäuerchen und heult, er blutet am Kopf und will einfach nicht mit mir nach Hause kommen", stößt der Willi hervor, noch ganz außer Atem vom Laufen.
Plascha und Lodja springen gleichzeitig auf und rennen

los am Willi vorbei und ohne anzuhalten bis in die Blücherstraße.

Da sitzt der Felix noch immer auf dem Mäuerchen und weint und weint, sein Gesicht ist blutverschmiert, und überhaupt sieht er böse zugerichtet aus. Neben ihm steht der Kalla mit dem großen Kopf und streicht ihm mit einer seiner Riesenpranken tröstend über das verklebte Haar. Als er die Schwestern kommen sieht, geht der Kalla ein paar Schritte weiter.

„Wie ist das passiert?“ fragt Lodja erschrocken, und Plascha fügt zornig hinzu: „Wer ist das gewesen?“

„Da, da“, brabbelt der Kalla und hebt einen Stein vom Boden auf, wobei er fast aus dem Gleichgewicht kommt.

Der Felix versucht, mit dem Weinen aufzuhören, aber das geht nicht so schnell.

„Krieg“, schluchzt er, „zuerst haben sie uns immer nur beschimpft, und jetzt haben sie uns den Krieg erklärt, die von der Blücherstraße. ‚Deutsche gegen Pollacken‘, haben sie gesagt. Wir wollten nicht, die waren viel mehr Jungen als wir und größer, aber sie haben geschrien: ‚Angsthasen, Pfeffernasen‘, und Steine haben sie geschmissen, die sind richtig gemein.“

„Komm erst mal nach Hause“, sagt Lodja, und sie holt ein sauberes Taschentuch aus ihrer Schürzentasche und wischt dem Felix vorsichtig das Gesicht ab. Dann nehmen die Schwestern ihn in die Mitte und gehen mit ihm nach Hause.

Der Kalla bleibt am selben Fleck stehen und guckt hinter ihnen her. Das blöde Grinsen ist aus seinem Gesicht verschwunden. Plascha möchte ihm eigentlich winken oder irgendwas zu ihm sagen, weil er den Felix getröstet hat; aber ihr ist noch immer nicht ganz wohl in seiner Nähe, auch wenn sie bald nicht mehr weiß warum, der Kalla scheint den Felix wirklich gern zu haben.

Dem Felix kommen immer wieder die Tränen, doch Plascha sieht ihm an, daß er aus Zorn weint und nicht bloß wegen der Wunde oben an der Stirn, obwohl die sicher auch wehtut.

„Kennst du welche von den großen Jungen aus der Blücherstraße, die vorhin dabeigewesen sind?“ fragt Plascha.

„Der August und der Heini aus deiner Klasse, und dann noch ein paar Große, ich glaub, daß die auch da wohnen, aber wie die heißen, das weiß ich nicht.“

Plascha weiß auch so schon genug. Sie ist so wütend, daß sie am liebsten schnurstracks hingehen und denen die Meinung sagen würde. Kleinen Kindern den Krieg erklären und sie mit Steinen beschmeißen, so eine Gemeinheit!

Inzwischen ist der Felix gewaschen, und Lodja hat ihn in sein Nachthemd gesteckt. Er beruhigt sich langsam, und zum Glück sieht er nicht mehr so schlimm aus, seit das verkrustete Blut abgewaschen ist.

Wieder etwas, was Mama nicht wissen soll, weil sie doch schon genug Sorgen hat, denkt Plascha.

Der Felix ist ins Bett gekrochen, und sie setzt sich neben ihn. Sie beguckt noch einmal die Wunde und sagt: „Jetzt ruhst du dich ein bißchen aus, und dann geht's dir bestimmt wieder besser.“

Der Felix nickt, und dann sagt er: „Ich hab mir so gewünscht, daß die Schwarzmännchen kommen und uns helfen gegen die aus der Blücherstraße.“

„Die Schwarzmännchen?“ fragt Plascha verdutzt, „aber die hat doch schon lange kein Mensch mehr gesehn.“

„Es hätte doch sein können“, meint der Felix, „der alte Kulla hat gesagt, unten im Berg müßte es noch welche geben, das glaubt er ganz sicher, und er hat auch gesagt, solange Kohlen gefördert werden, solange werden die Schwarzmännchen darauf aufpassen, die lassen ihren

Schatz bestimmt nicht im Stich. Mensch, wenn die uns geholfen hätten, stell dir das mal vor!“ Und der Felix lächelt zum erstenmal, seit die Schwestern ihn aus der Blücherstraße geholt haben. „Glaubst du, daß die Schwarzmännchen auch Kindern helfen?“
Plascha muß nachdenken, sie hat davon noch nichts gehört.
Aber der Felix gibt sich selbst eine Antwort. „Bestimmt, wo sie doch so klein sind, die müssen wissen, wie das ist, wenn man sich nicht wehren kann.“
„Vielleicht“, sagt Plascha, „ich hab noch nie gehört, daß sie sich in Kinderstreit eingemischt haben. Aber es könnte schon sein. Ungerechtigkeit und Gemeinheit konnten sie jedenfalls nicht leiden. Soll ich dir noch mal erzählen, was ich über die Schwarzmännchen weiß?“
Felix strahlt.
Plascha mag die Geschichte von den Schwarzmännchen auch sehr gerne, Fräulein Hölter hat sie schon oft erzählt. Ob Plascha sie genauso gut erzählen kann?
„Es ist schon lange her, daß sie bei uns lebten, die Schwarzmännchen, sie hießen so, weil sie sehr klein waren, Zwerge, und ihre Haut war kohlrabenschwarz.
Wenn im Winter die Leute mit ihren Spinnrädern am Herdfeuer saßen und sich gegenseitig Geschichten erzählten, dann hat bestimmt irgendwann einer gesagt: ‚Ich hab letztens die Schwarzmännchen gesehn.‘
Da wurden alle ganz still. Und dann beschrieb er genau, wo er das Feuer gesehn hatte, und wie viele Männchen es ungefähr waren und wie sie ausgesehen hatten – besonders in nebligen Nächten sah man sie manchmal von weit um ein Feuerchen tanzen.
Und immer wieder gab es Leute, die davon berichteten, wie die Schwarzmännchen ihnen geholfen hatten, denn die Zwerge waren bekannt dafür, daß sie halfen, wo die Not am größten war.

Damals gab es noch keine Zechen und keine Fabriken hier, alles Land gehörte den Grundherren. Und die Bauern und kleinen Kötter mußten für die Grundherren arbeiten, und für das Land, das sie von ihnen gepachtet hatten, um für sich selbst das Nötigste anzubauen, mußten sie Zins bezahlen, den Rodezehent.
Für alles mußten sie an die Grundherren zahlen: für das Land, das sie rodeten und bebauten, für die Fische, die sie in den Bächen und Flüssen und Teichen fingen, für das Holz, das sie aus den Wäldern holten und auch für die Pilze und Beeren, die sie dort sammelten. Und auf den Feldern der Grundherren schufteten sie sowieso. Es war ein elendes Leben. Die kleinen Bauern und Kötter, die konnten in schlechten Jahren den Rodezehent oft nicht aufbringen, und wenn sie noch so sehr arbeiteten; auch damals gab es schlechte Ernten und Krankheit und Kriege.
Viele Grundherren waren sehr harte Menschen, sie kannten Armut und Elend nicht. Sie jagten die armen Leute, die den Rodezehent nicht aufbringen konnten, einfach weg von ihrem Hof oder Kotten, und die hatten nicht mal mehr ein Dach überm Kopf."
„Dann kamen die Schwarzmännchen", ruft der Felix dazwischen.
„Ja", sagt Plascha, „dann kamen die Schwarzmännchen und halfen. Sie hatten ein Geheimnis, aber niemand wußte Genaues darüber. Vor vielen Jahrtausenden war ihr Schatz vergraben worden, und seitdem behüteten sie ihn. Sie mochten die Grundherren nicht, das war bekannt. Sie hielten zu den armen Leuten, die sich von morgens früh bis abends spät abrackern mußten, um ihr Brot zu verdienen.
Und wenn nun einer so in Not geriet, daß er den Rodezehent nicht bezahlen konnte und davongejagt werden sollte, dann gingen die Schwarzmännchen als Bettelkin-

der verkleidet zum Haus des hartherzigen Grundherren und baten um Almosen. Und wenn der Grundherr nur ein bißchen gescheit war, dann ließ er ihnen ein paar Goldstücke geben. Die brachten die Schwarzmännchen heimlich in der Nacht zu den armen Leuten, damit sie ihre Schulden doch noch bezahlen konnten.
Doch wehe dem Grundherrn, der den Bettelkindern nichts gab und sie abweisen ließ. Zu dem kamen die Schwarzmännchen noch einmal in der Nacht, so kohlrabenschwarz wie sie waren, und piesakten ihn so lange, bis er endlich etwas von seinem Reichtum herausrückte und die Männchen helfen konnten. Darum waren die Schwarzmännchen so beliebt bei den Armen und verhaßt bei den Reichen.
Man wußte, daß sie in Höhlen lebten, die kleinen Kerle, und man erzählte sich, daß sie manchmal, wenn sie Goldmünzen übrigbehielten, welche davon in ihre Feuerchen warfen, und das leuchtete bis ganz weit in der Nacht, und man nannte die Feuer Goldfeuerchen.
Niemand kam ganz in die Nähe der Schwarzmännchen, und niemand wagte sich in ihre Höhlen, um sie zu beobachten oder gar nach ihrem Schatz zu suchen. Die einen taten es aus Dankbarkeit nicht, oder weil sie früher oder später die Hilfe der Schwarzmännchen brauchen würden, und die anderen taten es nicht aus Angst vor der Rache der schwarzen Zwerge."
Plascha macht eine Pause. Der Felix lutscht am Daumen und guckt sie erwartungsvoll an.
„Aber eines Tages kam ein Mann aus dem fernen Schwabenland", erzählt Plascha weiter, „der hörte von den Schwarzmännchen und ihren Goldfeuern, als man ihn abends in die Spinnstuben einlud; er saß am Feuer und erfuhr vom jahrtausendealten Schatz der Zwerge, und da dachte er, daß er vielleicht reich werden könnte, ohne sich abplagen zu müssen.

Tag und Nacht dachte er nur noch an die Schwarzmännchen, sie ließen ihm keine Ruhe, er fand kaum Schlaf. Nachts irrte er auf den Feldern und Wiesen umher und hielt Ausschau nach Goldfeuerchen.
Und einmal hatte er Glück. Zur Mitternacht sah er von fern ein Feuer durch die Sträucher schimmern, und er ging vorsichtig darauf zu, immer näher an das seltsam leuchtende Feuer heran. Als er nah genug herangekommen war, sah er eine Menge kohlrabenschwarzer kleiner Männer um das Feuer herumspringen. Das müssen sie sein, dachte er und versteckte sich hinter einem Strauch, um zu sehen, was sie taten.
Und da sah er, wie sie schwarze Steine in das Feuer warfen, immer wieder schwarze Steine und ab und zu auch ein kleines Goldstück. Die Goldstücke verbrannten und blinkten dabei, es blieb nichts übrig von ihnen. Die schwarzen Steine verbrannten auch, doch von ihnen blieb graue Asche zurück. Neugierig kam der Schwabe hinter dem Strauch hervor.
Da bemerkte ihn eins der kleinen Männchen. ‚Komm näher', sagte es freundlich, ‚du kannst bei uns bleiben, wenn du willst. Wir zeigen dir, wie man die schwarzen Steine gewinnt, du kannst ein reicher Mann damit werden.'
Der Schwabe aber lachte nur, er wollte keine schwarzen Steine, er wollte Gold, und vor allem mußte er die kleinen Kerle loswerden und in aller Ruhe ihre Höhlen durchsuchen.
Der Zauberspruch fiel ihm wieder ein, der Zauberspruch, den er an den Herdfeuern gehört hatte, von dem es hieß, damit könnte man die Schwarzmännchen vertreiben. Schnell sagte er den Spruch, und die Zwerge waren fort, als hätte der Erdboden sie verschluckt.
Niemand hat sie jemals wiedergesehen.
Das war schlimm für die armen Leute.

Der Mann aus Schwaben durchsuchte die Höhlen der Schwarzmännchen, doch so gründlich er suchte, er fand kein Gold, er fand nichts als schwarze Steine, und er wußte nicht, was er damit anfangen sollte. Denn daß man davon reich werden könnte, das war wohl nichts als dummes Geschwätz der Schwarzmännchen gewesen."
Plascha lacht. „Der Dummkopf", sagt sie, „wenn der gewußt hätte, daß er das schwarze Gold gefunden hat, und daß einmal von überallher Männer kommen würden, um die Kohle zu fördern, er wäre bestimmt nicht einfach so auf und davon gegangen."

Plascha guckt auf den Felix. Ja was denn, der schläft?
Sie war so beschäftigt gewesen, die Geschichte zu erzählen wie Fräulein Hölter, daß sie gar nicht gemerkt hat, wie ihr Bruder eingeschlafen ist. Ob er von den Schwarzmännchen träumt? Er sieht nicht mehr zornig aus. Aber Plascha wird wieder ganz wütend, wenn sie bloß daran denkt, was heute in der Blücherstraße passiert ist; über den Schwarzmännchen hat sie es eine Weile vergessen.
Mama kommt heute sicher nicht früh nach Hause, da kann Plascha noch einmal losgehen und sich die Kerle vornehmen, die so gemein mit ihrem Bruder umgegangen sind.
„Bleib lieber hier", sagt Lodja, „guck mal raus und den Himmel an, es gibt bestimmt noch ein Gewitter. Und außerdem, die Kerle sind so hinterhältig, sonst würden sie nicht so kleine Jungen mit Steinen beschmeißen."
„Gerade deswegen", sagt Plascha, „ich muß einfach hin."
Ja, sie mußte hingehen, jetzt sofort, und sie würde ihnen den Marsch blasen, dem August und dem Heini und den anderen auch. Krieg. So was Blödes! War das nicht schlimm genug, daß die Männer in den Krieg ziehen mußten, ob sie wollten oder nicht?

Nein, Plascha würde den Jungen aus der Blücherstraße sagen, daß sie sofort aufhören mußten, so mit den kleinen Jungen umzugehen.
„Hoffentlich sind welche von denen draußen, dann bin ich schnell wieder zurück", sagt sie zu Lodja.
„Beeil dich bloß, Mama kann auch mal früher nach Hause kommen, und sie regt sich nur auf, wenn sie das alles erfährt", antwortet ihre Schwester.
„Sie wird schon nichts merken, sie sieht uns doch kaum", sagt Plascha, und dann ist sie schon im Hof.
Zum zweitenmal rennt sie heute in die Blücherstraße.

10. Kapitel

von Plascha, die sich blaue Flecken holt, und vom August, der als erster sein Fett abkriegt.

Ja, es sind etliche Jungen auf der Straße. Der August und der Heini und noch ein paar andere, die Plascha aus der Schule vom Sehen kennt.
„Rot und blau, Pollacksfrau", brüllt der August ihr entgegen, sobald er sie sieht, „was suchst du denn hier bei uns?"
„Frag nicht so doof", sagt Plascha, „warum macht ihr Krieg gegen die kleinen Jungen aus unserer Straße?"
„Halt dich da raus, du Hippe", ruft einer, den Plascha nicht mit Namen kennt, und der August grinst über sein ganzes blödes Gesicht und sagt: „Spiel ist Spiel."
„Das ist doch kein Spiel", schreit Plascha wütend, „kleinen Kindern den Krieg erklären und Steine schmeißen. Mein Bruder sieht vielleicht aus!"
„Wie das Gesocks zusammenhält", sagt der August spöttisch, „hat deine Mama dich geschickt?"
Und der Heini macht ausnahmsweise auch mal den Mund auf und sagt: „Die hätten sich ja besser verteidigen können." Stolz guckt er den August an.
Der nickt.
„Verteidigen?" schreit Plascha, sie wird immer zorniger. „Wißt ihr wie alt die sind? Die sind fünf." Sie streckt eine Hand in die Luft, spreizt die Finger auseinander und sagt noch einmal: „Die sind fünf."
Sie guckt die Jungen der Reihe nach an, jetzt grinsen sie alle.
„Die sind lange nicht so groß und stark wie ihr, und ihr seid in der Mehrzahl gewesen. Aber Grips habt ihr ganz bestimmt nicht mehr als die Kleinen."

Sofort zieht der August wie wild an Plaschas Zöpfen, und als sie ihm eine runterhauen will, hat schon einer der Jungen ihren rechten Arm gepackt und hart nach hinten gedreht. Plascha preßt ihre Lippen zusammen. „Blöde alte Ziege, alte Pollackenziege", sagt der August, und Plascha denkt, gleich reißt er ihr alle Haare raus.
„Halt bloß deine Schnauze und laß dich hier nicht mehr blicken." Die Jungen haben einen Kreis um Plascha gebildet, wie die Kinder es manchmal tun, um den Kalla zu verspotten. Plascha kriegt Angst. Von allen Seiten wird sie beschimpft, geboxt und geschubst, sogar der Heini Sippel zerrt an ihrem Arm.
„Laßt mich", schreit Plascha und versucht, sich loszureißen.
„So'n blödes Weib", sagt einer der Jungen schließlich, „ich würde sie laufenlassen. Weiber haben im Krieg sowieso nichts zu suchen. Und wegen der Ziege da werd ich nicht naß."
Er zeigt auf den dunklen Gewitterhimmel. „Es muß jeden Augenblick losgehn", sagt er und rennt schon davon.
Die Jungen lassen Plascha los, laufen aber nicht weg.
Die ersten dicken Tropfen fallen. Plascha ist das gleichgültig. Sie ist so böse. Böse auf sich selbst und böse auf die Jungen. Blamiert hat sie sich vor denen, und wie. Dabei hat sie ihnen den Marsch blasen wollen. Und jetzt? Sie sieht nicht viel anders aus als vorhin der kleine Willi. Ein Ärmel ist kaputt, die Unterlippe aufgeplatzt und am Hinterkopf, das fühlt sie schon, das wird bestimmt eine Beule.
Mistkerle. Plascha ballt die Hände zu Fäusten. Sie dreht sich im Gehen noch einmal um; die Jungen gucken ihr nach. „Ich erwisch euch noch mal jeden einzeln", schreit sie, „und dann mach ich Panhas aus euch."
Der erste Stein kommt geflogen. Noch einer. Plascha

duckt sich, dann rennt sie los. Gut, daß sie so schnell rennen kann. Immer mehr Steine fliegen, aber keiner trifft. Sie rennt wie der Teufel. Der Abstand wird größer. Steine fliegen immer noch. Hinter ihr klirrt irgendwo eine Fensterscheibe. So, die haben die Blödmänner kaputtgeschmissen.
Blöd sind die, so blöd. Aber sie hat sich auch nicht gerade gescheit angestellt. War sie schon mal so böse auf sich wie heute?
Jetzt fällt der Regen ganz dicht. Plascha geht trotzdem nicht schneller. Ob sie jetzt auch noch naß wird oder nicht, das macht keinen großen Unterschied, so, wie sie aussieht. Falls Mama schon zurück ist, wird es sowieso eine Katastrophe.
Plascha hält ihren Kopf in den Regen, das kühlt. Und der Regen vermischt sich mit den Tränen, die ihr übers Gesicht laufen, aus Zorn, wie vorhin dem Felix. Und Plascha guckt in den Gewitterhimmel, der langsam ein bißchen heller wird, und denkt, wir beide passen zusammen.

„Ja bist du denn verrückt geworden?" fragt Lodja, als Plascha hereinkommt und das Wasser von ihr runtertropft auf den Fußboden und viele kleine Pfützen macht. Sie beguckt ihre Schwester von oben bis unten. „Vielleicht wärst du doch besser hiergeblieben."
„Vielleicht", stimmt Plascha ihr zu, und weiß doch, daß man manchmal nicht das tun kann, was besser ist, nicht einmal vielleicht, und schon gar nicht, wenn man eine Wut im Bauch hat.
Ein Glück, daß Mama noch nicht zurück ist; bei dem Regen wird sie wohl auch nicht so schnell kommen.
„Was haben wir bloß zum Anziehen für dich?" Lodja überlegt.
„Ich zieh einfach mein Sonntagskleid an", sagt Plascha,

„und wenn Mama kommt, bevor ich ins Bett geh, dann sag ich, daß ich zu Lisbeth wollte und in den Regen gekommen bin."
Lodja guckt wenig überzeugt. „Und deine Lippe?" fragt sie. „Und die blauen Flecken am rechten Arm? So was kommt nicht vom Regen."
„Mama guckt uns doch gar nicht mehr so genau an", sagt Plascha.
Lodja nickt. „Stimmt", sagt sie traurig, „manchmal denk ich, sie mag uns nicht mehr, aber das ist sicher nicht wahr."
„Hilfst du mir morgen früh beim Kämmen?" fragt Plascha, „sonst sieht Mama die Beule hinten am Kopf."
Vorsichtig befühlt Lodja Plaschas Hinterkopf. „Die ist wirklich nicht gerade klein", sagt sie und holt das Brotmesser aus der Schublade, um es auf die Beule zu halten.
„Das nützt jetzt nichts mehr", sagt Plascha, „es ist schon zu lange her."
Sie geht in die Schlafkammer zum Felix. Er schläft noch immer. Ja, vorhin hätte sie die Hilfe der Schwarzmännchen auch gut gebrauchen können, aber sie muß schon selbst sehn, wie sie mit den Jungen aus der Blücherstraße fertig wird, auch ohne Hilfe.

Mama kommt erst spätabends zurück, als Plascha und ihre Schwestern längst im Bett liegen. Alle haben geholfen, Plaschas Kleid und Schürze wieder in Ordnung zu bringen, und Franja hat beides glatt und trocken gebügelt, ohne zu schimpfen.
Der Felix ist noch einmal aufgewacht, aber bald wieder eingeschlafen. Er schläft auch jetzt.
Plascha horcht. Was macht Mama noch so lange in der Küche? Es ist still nebenan. Plascha möchte rübergehn

und Mama so über den Kopf streichen, wie der Kalla das heute beim Felix gemacht hat. Oder sie in den Arm nehmen. Aber es würde nichts nützen, Mama ist so weit weg in ihrem Kummer.
Und wenn der Papa nie mehr wiederkommt?
Plascha will nicht daran denken.

„Bleib doch noch liegen", sagt Lodja am anderen Morgen zu Mama, „du hast so wenig geschlafen, wir kommen auch mal alleine zurecht."
Mama muß sehr müde sein, sie bleibt tatsächlich liegen.
Plascha ist erleichtert, daß Mama nichts erfährt von der Sache mit der Blücherstraße, wenigstens nicht schon heute morgen. Dem Felix versuchen die Schwestern beizubringen, daß er nichts verraten darf von dem blöden Krieg, weil Mama sonst noch trauriger wird. Seine Haare fallen so über die Stirn, daß man die Platzwunde nicht gleich sieht, und wenn Mama sie doch bemerkt und danach fragt, soll er sagen, daß er hingefallen ist.
„Aber das stimmt nicht", sagt der Felix, „das ist doch gelogen."
„Das ist höchstens eine Notlüge, und Notlügen sind erlaubt", sagt Plascha, „im Krieg sowieso!" Obwohl sie sich gar nicht sicher ist. Aber der liebe Gott wird schon ein Auge zudrücken, wenn er sieht, wie's Mama geht.
Plaschas Unterlippe ist noch geschwollen, aber nicht mehr so dick wie gestern abend. Dafür sind die blauen Flecken am Arm jetzt umso deutlicher zu sehen. Gut, daß es sich nach dem Gewitter abgekühlt hat, da kann Plascha ihre Strickjacke überziehen, und man sieht die Flecken nicht.
Ihr rechter Arm tut bei jeder Bewegung weh.
Wenn sie bloß den August und den Heini nicht in der

Schule sehen müßte, die beiden wär sie gerne mal für ein paar Tage los. Aber natürlich sind sie schon auf dem Schulhof, als Plascha und Lisbeth kommen, und sie streichen um sie herum und grinsen, und noch ehe es zur ersten Unterrichtsstunde klingelt, sagt der August höhnisch: „Na, hast wohl gestern ’ne dicke Lippe riskiert, kann man immer noch sehn!“
„Fang nicht schon wieder an zu stänkern“, fährt Lisbeth den August an; sie weiß schon alles, was gestern nachmittag passiert ist.
„Der kriegt noch sein Fett ab“, sagt Plascha zu Lisbeth, „der als erster, du wirst schon sehn. Ich muß ihn mal alleine erwischen, dann werd ich mit dem schon fertig. Der reißt immer nur sein Maul auf, wenn noch andere Jungen dabei sind, die ihm helfen.“
Heute übertreibt der August, das merkt sogar Fräulein Hölter.
„Was ist denn da hinten so interessant, August Barken?“ fragt sie, als er sich in der Rechenstunde wieder einmal nach Plascha umdreht und ihr die Zunge rausstreckt.
Da kommt der August ins Stottern, und Plascha gönnt ihm das von Herzen. Und als er an der Tafel vorrechnen soll, kriegt er die Lösung nicht raus, und Lisbeth muß die Aufgabe zu Ende rechnen.
Eigentlich darf man nicht schadenfroh sein, denkt Plascha, aber was mach ich nur dagegen? Heilige sind nicht schadenfroh, Heilige kloppen sich nie, höchstens für den lieben Gott, und sie lügen nicht, wahrscheinlich auch keine Notlügen. Ob Plascha jemals eine Heilige wird?

„Sollen wir heute mal einen anderen Heimweg gehen?“ fragt Lisbeth mittags, „ich meine, mal nicht durch die Blücherstraße? Es kann ja sein, daß die Blödmänner schon auf dich warten.“

„Nein“, sagt Plascha, „feige bin ich nicht, ich geh genauso nach Hause wie immer.“
„Dann geh ich eben genauso mit“, sagt Lisbeth.
Plascha ist froh über ihre Freundin, auf die kann sie sich verlassen.
Ob der August und der Heini sich auch so aufeinander verlassen können? Die beiden sind nirgends mehr zu sehen, sie müssen ganz schnell losgegangen sein. Ob sie wirklich was vorhaben?
Als Plascha und Lisbeth in die Blücherstraße kommen, steht der August nicht weit von Sippels Bäckerladen entfernt auf dem Bürgersteig, doch keiner der anderen Jungen ist weit und breit zu sehen.
Das hab ich mir gewünscht, denkt Plascha, lieber Gott, guck nicht hin.
„Und jetzt?“ fragt Lisbeth erwartungsvoll.
„Halt mal meinen Schulranzen“, sagt Plascha und zieht ihre Strickjacke aus. Sie geht auf den August zu, ganz langsam, Auge in Auge. Der August rührt sich nicht vom Fleck. „Na Pollackenziege“, sagt er, „ich denk, du willst Panhas aus mir machen.“
„Will ich auch“, sagt Plascha, und schon hat sie den verdutzten August zu Boden geworfen und setzt sich auf ihn drauf.
„Du, gib nicht so an“, keucht der August, „was soll denn der Quatsch?“
Da zieht Plascha ihn kräftig an dem Haarbüschel, das über seiner Stirn in die Höhe steht und sagt: „Spiel ist Spiel.“
Der August will was antworten, aber dann schluckt er's runter. Er versucht mit aller Kraft, Plascha abzuschütteln, aber er hat kein Glück. „Hör auf“, droht er, „sonst schrei ich nach den anderen.“
„Ja, nach den anderen schreien, das kannst du, du Feigling, und kleine Jungen mit Steinen beschmeißen, du

Miststück. Wenn das noch mal passiert, dann geht's dir schlechter als heute." Plascha läßt ihn nicht los.
„Jetzt ist es genug", sagt Lisbeth, „ich muß unbedingt nach Hause, sonst macht meine Mutter Theater."
„Dann stell meinen Schulranzen einfach hin", sagt Plascha, „ich bin mit dem August noch nicht ganz fertig."
Lisbeth stellt den Schulranzen neben Plascha und August ab und saust los.
„Also, was ist, läßt du die Kleinen nächstens in Frieden?" fragt Plascha.
Da gibt der August ihrem Schulranzen einen Tritt, daß er umfällt und aufgeht, und der Griffelkasten fällt polternd raus, und die Hefte und das Lesebuch liegen auch auf der Straße.
„Ha", lacht der August, „siehste, das haste davon."
Aber da zieht Plascha wieder kräftig an seinem Haarbüschel, und der August schreit: „Bist du verrückt, meinst du, das tut nicht weh?"
„Das soll auch wehtun", sagt Plascha, „glaubst du vielleicht, das hat gestern nicht wehgetan, als du mir fast die Zöpfe ausgerissen hast?"
„Pollackenziege", sagt der August und versucht, Plascha zu kneifen, ausgerechnet in den rechten Arm, der so wehtut.
Da kriegt Plascha die Wut und schnappt nach ihrem Griffelkasten und springt auf und haut dem August, der nicht weiß, wie ihm geschieht, ein paarmal feste mit dem Griffelkasten auf den Hintern, und der August brüllt wie am Spieß.
„Wir sind Polen und keine Pollacken, merk dir das", sagt Plascha und sammelt ihre Sachen ein, „und wenn du deine Freunde siehst, kannst du ihnen ja deinen Hintern zeigen, dann wissen sie, was ihnen blüht."
Und schon ist sie auf dem Heimweg und hört den

August immer noch hinter sich jammern. Vielleicht hätte sie nicht ganz so feste hauen sollen?
Quatsch, der ist selber schuld.

Obwohl sie rennt, kommt Plascha zu spät nach Hause. Mama sagt nichts, sie ist mit ihren Gedanken wieder anderswo, vielleicht in Frankreich an der Front oder bei den Soldaten, die sie besucht hat; aber sie spricht nicht darüber.

11. Kapitel

von Franja, die sich in den Bolesch verliebt, und vom Bolesch, der ein richtiges Geschenk ist.

Ein Segen, der nächste Tag ist ein Sonntag, da braucht Plascha weder in die Schule noch durch die Blücherstraße und hat mal einen Tag lang ihre Ruh.
„Merkt ihr denn alle gar nichts?" fragt die Lisa am Sonntag abend, als Franja nicht wie sonst pünktlich um sieben nach Hause kommt.
Plascha weiß noch nicht, worauf die Lisa hinaus will, und Mama fragt: „Was hätten wir denn merken sollen?"
„Daß die Franja verliebt ist, daß sie geht wie auf Wolken und immer mit einem Lächeln im Gesicht", sagt die Lisa.
Mama guckt hoch, als hätte jemand sie eben aus dem Schlaf gerissen.
„Ja, eure Franja ist verliebt", sagt die Lisa noch einmal, „sie ist erwachsen geworden, sie wird jeden Tag schöner. Und der Bolesch hat ihr gründlich den Kopf verdreht, und ihr, ihr merkt überhaupt nichts!"
Daß er Bolesch heißt, das hab ich nicht gewußt, denkt Plascha, aber daß sie mit einem geht, das weiß ich wohl, ich hab die beiden ja schon ein paarmal zusammen gesehen. Franja hat nichts erzählt, nur immer neue Ausreden erfunden, wenn Plascha sie mal abends bei Kolpes abholen wollte. Da kommt jetzt wohl ziemlich oft dieser Bolesch, denkt Plascha, viel zu oft, und darum ist sie gar nicht gut auf ihn zu sprechen, obwohl er ihr eigentlich gefallen könnte, mit seinen blitzeblanken Augen und einem ähnlichen Bart, wie der Papa ihn hat.
Die Mama guckt immer noch nachdenklich auf die Lisa.

„Du hast recht“, sagt sie, „davon hab ich wirklich nichts gemerkt.“
„Du merkst so wenig in letzter Zeit“, sagt Lisa, und Mama wird rot.
„Vielleicht traut die Franja sich nicht, es dir zu erzählen oder ihn mit nach Hause zu bringen“, meint Lisa zu Mama, „du bist in letzter Zeit so weit von uns weg.“
Da fängt die Mama an zu weinen, und sie sieht so schmal und hilflos aus wie die Lene Wawciniak an Hermines Grab.
„Ich find keine Ruhe mehr“, schluchzt sie, „jede Nacht träum ich von ihm, daß er verwundet ist, daß er Schmerzen hat und nach mir ruft, und ich kann ihn nicht finden und kann ihm nicht helfen, er ist spurlos in Frankreich verschwunden.“
„Es kann nicht mehr lange dauern, bis alle Soldaten nach Hause kommen“, sagt Lisa tröstend, „seit dem schwarzen Tag bei Amiens letzten Monat, bei den Verlusten, pfeifen die Spatzen von den Dächern, daß bald alles vorbei ist, das weißt du doch. Vielleicht kommt er dann endlich zurück, oder du erfährst wenigstens, ob er in ein Gefangenenlager geraten ist.“
„Oder...“, sagt Mama und fängt wieder an zu weinen.
Die Lisa legt einfach einen Arm um Mama und läßt sie weinen, bis sie sich von selbst wieder beruhigt hat und aufsteht, um ihr Gesicht zu waschen.
„Komm, der Abend ist so schön, wir gehen noch ein Stück vor die Tür“, schlägt die Lisa vor.
Mama ist einverstanden. Aber nach ein paar Minuten sind die beiden schon wieder zurück. Sie haben Franja und Bolesch unterwegs getroffen und mit nach Hause gebracht. Jetzt sitzen alle in der Küche um den Tisch, Plascha dem Bolesch gegenüber, da kann sie ihn ganz genau ansehn.
Seine Augen sind fast schwarz, aber wenn er lacht, sieht

es aus, als würden helle Punkte darin tanzen. Und er lacht oft und hat eine Stimme, die Plascha sofort gefällt. Vielleicht ist er gar nicht so übel, auch wenn er die Franja so oft von Kolpes abholt?
Der Felix zeigt dem Bolesch gleich seine bunten Steine und die Schneckenhäuser und das Holzpferd mit den drei Beinen.
„Soll ich morgen nach der Schicht vorbeikommen und dein Pferdchen reparieren?“ fragt der Bolesch. Felix ist begeistert. Bolesch guckt Mama fragend an.
„Ja, sicher“, sagt sie nur, aber sie macht ein frohes Gesicht dabei.
Den Bolesch muß man wahrscheinlich mögen, denkt Plascha.
Dann sagt Mama, daß es für die Kinder Zeit ist schlafenzugehen, und der Bolesch verabschiedet sich auch, er hat morgen Frühschicht.
Franja bringt ihn noch ein Stück auf den Weg zu der Familie, bei der er wohnt, und Plascha hört, wie Lisa zu Mama sagt: „Der Bolesch ist ein prima Kerl, ich kenn ihn, seit ich auf dem Pütt bin, der ist ein richtiges Geschenk, das kannst du mir glauben!“
Ein Geschenk? Der Bolesch? Das kommt Plascha zum Lachen vor.

Am nächsten Tag in der Schule guckt der August so böse wie noch nie. Er grinst nicht und dreht sich kein einziges Mal nach Plascha um. Er sitzt so komisch in der Bank, sein Hintern muß wohl ziemlich wehtun. Vielleicht hätte ich ihn nicht mit dem Griffelkasten hauen sollen, denkt Plascha. Aber warum muß er sie auch immer verspotten, warum hat er den Krieg gegen die kleinen Jungen aus der Sedanstraße angefangen, und warum hetzt er überhaupt immer gegen die polnischen Kinder?
„Heute geh ich ganz bestimmt nicht durch die Blücher-

straße nach Hause, das kannst du nicht von mir verlangen", sagt Lisbeth mittags, „ich möchte nicht wissen, was der August den anderen Jungen erzählt hat."
Plascha weiß nicht, was sie tun soll. Allein durch die Blücherstraße gehen? Und wenn die Jungen schon alle auf sie warten? Da kann sie noch so mutig sein, gegen so viele kommt sie nie im Leben an. Wahrscheinlich hat Lisbeth recht. Plascha denkt an die Blicke, die der August ihr heute morgen zugeworfen hat und an den Kreis, den die Jungen neulich um sie gebildet haben – und da erinnert sie sich auch an die Angst, die sie gehabt hat.
„Ich geh mit dir", sagt Plascha zu Lisbeth. „Ich hab drüber nachgedacht, kann gut sein, daß er die anderen gegen mich aufgehetzt hat."
Und sie gehen heute ganz außen herum nach Hause, über den Marktplatz und von da in die Sedanstraße, und es passiert ihnen nichts.

Als Plascha nach Hause kommt, sitzt der Bolesch am Küchentisch und hat ein viertes Bein für das Pferdchen vom Felix geschnitzt und leimt es gerade an. Der Felix hockt ganz nah neben ihm wie sonst nur neben dem Opa Kulla; er hat wohl wieder einen neuen Freund gefunden.
Und Mama lächelt.
„Wie geht's deiner Lippe?" fragt Bolesch, und Plascha zuckt zusammen, aber ehe sie sich ärgern kann, sagt er noch: „Franja hat mir erzählt, daß du dich beim Stallausmisten gestoßen hast."
Plascha guckt ungläubig. Ob der Bolesch auch denkt, daß Notlügen erlaubt sind? Lodja kneift Plascha ein Auge zu.
„Sie müssen die Suppe mit uns essen", sagt Mama und stellt den Topf mit Porreesuppe auf den Tisch.
„Gerne", sagt der Bolesch, „Hunger hab ich immer."

Und sie sitzen um den Tisch und essen und reden, endlich geht es nicht mehr so schweigsam zu wie in letzter Zeit, als Mama so traurig geguckt hat. Der Bolesch erzählt vom Pütt, und warum er nicht in den Krieg ziehen mußte. Zuerst war er noch zu jung, und später, als er doch noch eingezogen werden sollte, hat er eine Bescheinigung von der Zeche bekommen, daß er wichtig ist für die Kohleförderung auf Heinrich-Gustav, unabkömmlich für den Kriegsdienst nennen sie das, erklärt der Bolesch. Und daß er diese Bescheinigung seinem Reviersteiger verdankt, der ausnahmsweise sehr menschlich ist, und daß er bei dem einen Stein im Brett hat.
Bei wem hat der wohl keinen Stein im Brett, denkt Plascha, aber der Bolesch gibt damit nicht an.
„Ein Glück, daß Sie nicht an die Front mußten", sagt Mama und fragt den Bolesch, ob er weiß, wie viele der Hiesigen von seinem Jahrgang schon gefallen sind.
„Ich weiß es nicht so genau", sagt der Bolesch ausweichend, und Plascha sieht ihm an, daß das auch wieder eine Notlüge ist, der Bolesch will mit Mama lieber von was anderem reden.
Da klopft es. Alle gucken von ihrer Suppe hoch, und als Mama „herein" sagt und die Tür aufgeht, wird Plascha blaß vor Schreck.
Der Gustav Barken kommt in die Küche und hinter ihm der August.
Mama ist erstaunt, sie hat ja keine Ahnung.
Lodja und Felix gucken ängstlich, und nur der Bolesch tut so, als wär es ganz normal, daß der Gustav Barken mit seinem Sohn in der Küche steht, obwohl der Bolesch doch von Franja wissen muß, was in den letzten Tagen passiert ist, sonst hätte er bestimmt nichts über Plaschas Lippe gesagt. Plascha möchte vom Erdboden verschluckt werden wie die Schwarzmännchen.
Mama fragt den Gustav Barken, ob er sich nicht auch an

den Tisch setzen will, aber der will nicht. Als er reingekommen ist, hat er ziemlich wütend ausgesehn, aber jetzt starrt er verdattert auf den Bolesch, mit dem hat er wohl nicht gerechnet, das merkt man, er guckt unsicher in die Runde.

„Warum sind Sie zu uns gekommen?" fragt Mama.

„Weil ich mich bei Ihnen beschweren muß", antwortet der Gustav Barken und guckt zuerst auf seinen August und dann auf Plascha.

„Beschweren?" fragt Mama, „ja aber warum denn?"

„Ihre Paula", sagt der Gustav Barken grimmig, „das ist ein ganz schönes Luder, wissen Sie das überhaupt? Schlägt meinen August grün und blau."

Mamas Augen werden groß vor Staunen.

Plascha ist verzweifelt, jetzt kommt doch noch alles raus, gerade jetzt, wo Mama nicht mehr so traurig ist.

Und der Bolesch? Ja, der fängt doch tatsächlich laut an zu lachen, lacht, bis er kaum noch Luft kriegt, und der Gustav Barken sagt gar nichts mehr, und daß dem August nicht wohl ist in seiner Haut, das kann man deutlich sehn.

Plascha würde noch immer am liebsten vom Erdboden verschwinden, aber jetzt hat sich der Bolesch beruhigt und legt so richtig los, ehe der Gustav Barken noch was sagen oder Mama eine Frage stellen kann.

„So", sagt der Bolesch zum Gustav Barken, „du willst dich beschweren, aha! Dann kann dir dein Sohn aber höchstens die Hälfte erzählt haben, sonst wärst du bestimmt nicht hier, du hättest ihn eher noch grüner und blauer gehauen."

„Wieso?" fragt der Gustav Barken verwirrt.

„Gustav", sagt der Bolesch, „ich kenn dich seit Jahren vom Pütt, wir haben doch auch schon zusammen gearbeitet und sind immer gut miteinander ausgekommen, oder?"

„Ja sicher", sagt der Gustav Barken, „aber was hat das mit meinem August zu tun?"
„Das will ich dich ja gerade fragen", sagt der Bolesch, „seit wann hast du was gegen uns Polen? Im Pütt hab ich nie was davon gemerkt."
„Ich?" fragt der Gustav Barken, „ich soll was gegen Polen haben? Sag das noch mal!"
„Hab ich ja gar nicht gesagt", meint der Bolesch beschwichtigend, „ich wollte dich nur fragen, woher das wohl kommt, daß dein August uns Pollacken nennt und hinter der Plascha herruft: ‚Rot und blau, Pollacksfrau', und warum er kleinen polnischen Jungen den Krieg erklärt."
Und der Bolesch erzählt alles ganz ausführlich von Anfang an, er weiß gut Bescheid, Franja hat nichts ausgelassen.
Der Gustav Barken guckt jetzt immer abwechselnd vom Bolesch auf seinen Sohn und wieder auf den Bolesch.
Mama sieht erschrocken aus und so, als könnte sie das Ganze gar nicht glauben.
Und Plascha muß immerzu den Bolesch anstaunen. Mensch, der hört ja gar nicht mehr auf!
„Ich würde mich schämen, wenn ich mal so einen Sohn hätte", sagt er jetzt, „und ich wäre stolz, wenn meine Tochter so mutig wär wie die Plascha."
„Entschuldigung", sagt der Gustav Barken und kann der Mama kaum in die Augen sehen, „das hab ich alles nicht gewußt!"
Und zum August sagt er: „Komm, du Lump!" und zieht ihn unsanft zur Tür.
Die beiden gehen.
Mama starrt hinter ihnen her. „Mein Gott", sagt sie, „was ist bloß alles passiert in den letzten Tagen. Ich muß wirklich besser auf euch aufpassen, das sehe ich ein."
Aber sie sieht nicht böse aus, als sie das sagt. Sie guckt

ihre Kinder der Reihe nach an, und ihr Blick bleibt an Plaschas Lippe hängen.
„Notlügen sind erlaubt“, sagt der Felix.
Und Plascha fügt stockend hinzu: „Wo du doch immer so traurig bist.“
Da streicht Mama Plascha übers Haar und lächelt.
Plascha ist ganz durcheinander, sie würde sich gerne bei Bolesch bedanken, aber sie weiß nicht wie.
„Hast du noch Hunger?“ fragt sie ihn schließlich, „magst du noch Porresuppe?“
„Gerne“, sagt der Bolesch und hält ihr seinen Teller hin; in seinen Augen tanzen helle Pünktchen.
Der Bolesch ist wirklich ein Geschenk.

12. Kapitel

von den Kartoffeln auf dem Bürgersteig und von der Sau, die heimlich geschlachtet wird.

Die Woche verläuft friedlich, der August tut in der Schule so, als wenn es Plascha überhaupt nicht gäbe. Aber ein paarmal ertappt sie ihn dabei, wie er sie böse anstarrt, und da weiß sie, die Sache mit der Blücherstraße ist noch nicht zu Ende, und deshalb geht sie mit Lisbeth immer den Umweg über den Markt. Gut, daß es bald ein paar Tage Ferien gibt.

„Morgen müssen wir früh raus zu Kolpes, Kartoffeln ausmachen", sagt Mama abends, als sie die Kinder früher als sonst schlafen schickt. Und Plascha schiebt alle Gedanken an den August ganz weit weg, denn morgen fangen die Kartoffelferien an. Wenn man Geld dafür bezahlt, kann man beim Bauern Kartoffeln ausmachen. Mama hat wieder mal für die Kolpes Kleider und Wäsche geflickt und braucht deshalb nicht zu bezahlen wie die anderen.

Beim Bauern Kartoffeln ausmachen, das bedeutet ständige Bückerei, rasche Arbeit und schwere Säcke schleppen, und trotzdem ist es immer ein ganz besonderer Tag.

Von allen vier Familien aus dem Haus gehen die Frauen mit und etliche Kinder: Lene Wawciniak mit Ötte, Karl, Fine und Willi, Meta Strelcyk mit Pina, Hannchen, Fritz und Jupp, Ziska Wischnewski mit Klärchen und Josefa und Mama mit Lodja, Plascha und Felix.

Früh am Morgen geht es los. Die großen Kinder ziehen die Bollerwagen, da sind die leeren Kartoffelsäcke drin verstaut und Muckefuck oder Tee und etwas Brot und Kartoffeln vom Vortag; Plascha freut sich jetzt schon, wenn sie an das Buttern auf dem Kartoffelfeld denkt.

Die kleinen Kinder dürfen in die Bollerwagen klettern und werden gezogen, die vier Frauen gehen hinterher und reden und lachen miteinander.
Es ist schon Betrieb auf der Straße trotz der frühen Stunde.
Männer ziehen mit ihren Bündeln über der Schulter zur Morgenschicht, ihre eisenbeschlagenen Arbeitsschuhe klappern laut auf dem Kopfsteinpflaster; Fenster werden geöffnet und Sätze über die Straße gerufen, von der Zeche hört man Schachtsirenen und das Knarren der Seilscheiben vom Förderturm, dazwischen bimmelt die Straßenbahn, und überall wird gearbeitet, da geht der Tag in die Nacht über und die Nacht in den Tag, es gibt keine Grenze dazwischen. Über der Stahlfabrik lodert der Feuerschein bis in den Himmel.
„Unser wilder Westen", sagt die Lene Wawciniak nachdenklich, „guckt euch bloß mal um, und das soll alles erst vor fünfzig, sechzig Jahren angefangen haben, vielleicht auch ein bißchen früher?" Sie schüttelt den Kopf. „Könnt ihr euch vorstellen, daß es hier überall so ausgesehen hat wie auf Kolpes Hof?"
Die Lene hat recht, es ist schon zum Staunen.
Draußen bei Kolpes hat Plascha auf einmal das Gefühl, auf dem Land zu sein, so viel ruhiger ist es, obwohl die Schachtanlage der Zeche nur wenige hundert Meter entfernt liegt.
Frau Kolpe und Franja, die heute früher als sonst mit der Arbeit angefangen hat, teilen jeder Familie ein Stück Feld zu; viele Leute sind gekommen, Lisbeth und ihre Mama sind auch da. Die Nachbarn bleiben jeweils nah beisammen.
Dann ruft der Ötte fröhlich: „Zicke, zacke, Hühnerkacke, und schon schnapp ich mir die Hacke."
Unter Gelächter fangen sie an zu arbeiten, die Frauen und größeren Kinder mit der Hacke, die jüngeren Kin-

der sammeln die Kartoffeln vom Boden auf und werfen sie in die mitgebrachten Säcke, das Laub kommt auf einen Haufen für ein schönes, großes Kartoffelfeuer.
Beim Verladen der Säcke auf die Bollerwagen helfen sich die Frauen und größeren Kinder gegenseitig.
Nach ungefähr drei Stunden wird gebuttert. Die Kleinen spielen längst irgendwo neben den Müttern und Geschwistern, sie halten die Arbeit nicht so lange durch.
„Buttern“, sagt die Ziska Wischnewski, „das ist ein Witz, daß wir es immer noch so nennen bei dem bißchen Fett, das wir dann und wann kriegen.“
Lisbeth und ihre Mama haben auch Pause gemacht und kommen für ein paar Minuten herüber.
„Wir schlachten am Freitag schwarz, du darfst es keiner Menschenseele verraten außer deiner Mutter“, flüstert Lisbeth Plascha ins Ohr, eh sie wieder zu ihrem Feldstück geht, „meine Mama hat gesagt, daß ihr am Abend kommen sollt, du und deine Mutter.“
Nein, Plascha wird bestimmt keinem Menschen außer Mama was davon sagen, nicht einmal ihren Geschwistern, oder jedenfalls nicht vor dem Freitag. Sie weiß, daß auf Schwarzschlachten Gefängnisstrafe steht, seit die Lebensmittel rationiert worden sind, und es haben wirklich schon Leute gesessen deswegen.
„Los“, sagt der Ötte, „nicht träumen, bis Mittag wollen wir fertig sein.“
Die Arbeit geht nicht mehr ganz so schnell voran wie früh am Morgen, aber mittags sind sie alle fertig und ziehen mit den vollen Bollerwagen heim; jetzt müssen auch die Kleinen laufen.
Zu Hause werden die Kartoffeln aus den Säcken gekippt und zum Trocknen ausgelegt draußen im Hof, und weil der Platz dort nicht reicht, auch vor dem Haus auf dem Bürgersteig. Die Leute, die vorbeikommen, müssen auf die Straße ausweichen.

Es ist wirklich lustig, wie alles voller Kartoffeln liegt, große und kleine durcheinander. Nach dem Trocknen sollen sie sortiert und in den Keller gebracht werden. Plascha, Lodja und Ötte halten Wache auf dem Bürgersteig, in diesen Hungerzeiten wird mehr als sonst gestohlen, selbst am hellichten Tag.
„Guck mal", sagt Ötte plötzlich und stößt Plascha mit dem Ellbogen an. „Guck mal, wer da hinten kommt."
Plascha erschrickt. Ein ganzer Trupp Jungen kommt um die Ecke, Jungen aus der Blücherstraße, und mittendrin gehen der August und der Heini.
Plascha hat Angst. Sie stellt sich zwischen Lodja und Ötte, als könnten die beiden sie retten.
Die Jungen kommen langsam näher.
Soll Plascha weglaufen?
„Wir bleiben", sagt der Ötte ruhig, „wir können nicht abhauen, das nimmt sonst nie ein Ende."
Natürlich können sie nicht einfach abhauen und die Kartoffeln unbewacht auf dem Bürgersteig liegen lassen, und nach der Mama will Plascha auch nicht rufen; aber die von der Blücherstraße sind mindestens zehn, Plascha kann sie nicht einmal zählen, sie ist wie gelähmt.
Jetzt steigt der Ötte seelenruhig über die Kartoffeln hinweg und geht den Jungen aus der Blücherstraße ein paar Schritte entgegen.
„Was wollt ihr?" fragt er mit ganz normaler Stimme.
„Rache ist süß!" sagt der August, und einer der größeren Jungen, der, der sich neulich wegen Plascha nicht naßregnen lassen wollte, fügt hinzu: „Mit den Kartoffeln kann man prima schmeißen."
„Mensch, Johann", sagt der Ötte zu dem großen Jungen, „wie lange soll das denn so weitergehn?"
Der Johann grinst verlegen.
„Wie geht's deinem Vater?" fragt der Ötte.
„Schlecht, er kriegt kaum Luft, Steinstaub, als ob du das

nicht weißt", sagt der Johann leise, und dann laut und trotzig: „Das hat hiermit nichts zu tun."
„Doch", sagt der Ötte, „das hat wohl was damit zu tun. Mein Vater hat auch 'ne Steinstaublunge, vielleicht schlimmer, als die Ärzte zugeben wollen, wegen der Rente, du kennst ja die Zechenärzte. Meinem Vater geht's bald genauso wie deinem. Und wir, wir haben auch nichts Besseres zu erwarten. Oder was machst du, wenn du nächstes Jahr aus der Schule kommst?"
Der Johann zieht die Schultern hoch. „Pütt, ist doch klar, als ob es andere Lehrstellen für uns gibt. Aber laß das, quatsch nicht so viel, wir wollen zu der da!" Er zeigt auf Plascha.
„Menschenskind", sagt der Ötte ärgerlich, „denk doch mal nach, wir sind alle gleich beschissen dran. Unsere Väter gehn kaputt von der Grube oder der Maloche in der Fabrik, oder sie sind Kanonenfutter. Plaschas Vater ist in Frankreich vermißt."
„Meiner ist vor Verdun gefallen", sagt einer der Jungen aus der Blücherstraße.
„Das ist schlimm", sagt der Ötte, „und jetzt machen wir auch noch Krieg gegeneinander, bloß weil die einen aus Polen kommen. Das ist doch der einzige Unterschied. Ich find das Mist, wenn wir kämpfen."
Die Jungen gucken ratlos.
Der Johann kratzt sich am Kopf.
Der Heini glotzt wie meistens mit offenem Mund.
Der August sagt: „Du kannst gar nicht mitreden, du hast bis jetzt überhaupt nicht gekämpft, und ich hab immer noch blaue Flecken."
„Ich auch", sagt Plascha und zeigt ihren Arm vor.
„Der August kann seine Flecken nicht zeigen", sagt der Johann und grinst, und die anderen aus der Blücherstraße fangen an zu lachen, nur der August ist beleidigt, und der Heini klappt seinen Mund wieder zu.

„Es ist genug“, sagt der Ötte energisch, „unseren Willi und den Felix Krawczyk habt ihr mit Steinen beschmissen, und mit der Plascha seid ihr auch ziemlich wüst umgegangen, kein Wunder, daß sie's dem August zurückgegeben hat. Er braucht ja nicht immer gegen uns Polen zu hetzen. Aber jetzt seid ihr quitt, jetzt reicht's für beide Seiten.“

Der Johann weiß nicht, was er machen soll. „Na gut“, sagt er endlich und guckt die Jungen aus der Blücherstraße der Reihe nach an. „Sollen wir Frieden machen mit denen?“

Die Jungen nicken. „Einverstanden“, sagt der, dessen Vater vor Verdun gefallen ist. Nur der Heini sieht aus, als hätte er nichts kapiert, und der August guckt immer noch beleidigt.

„Also los“, sagt der Johann, „zurück in die Blücherstraße.“

„Wartet mal“, ruft der Ötte, „wir haben doch Ferien, könnten wir nicht mal was zusammen machen?“

Die Jungen bleiben stehen und drehen sich um. Einige gucken verblüfft und einige mißtrauisch. Dann reden sie leise miteinander.

„Wie wär's mit einem Kartoffelfeuer?“ schlägt Lodja vor.

Das scheint den Jungen aus der Blücherstraße zu gefallen, sogar der August macht ein zufriedenes Gesicht und der Heini, der immer so verfressen ist, sagt laut: „Jeder muß was zu essen mitbringen.“

„Kartoffeln“, sagt Plascha, die sich langsam von ihrem Schreck erholt, „vielleicht könnte jeder eine Kartoffel organisieren oder auch zwei.“

Die Jungen nicken einander zu.

„Und wann und wo machen wir das Feuer?“ fragt der Johann.

„Übermorgen bei uns hinter den Ställen so gegen fünf“,

sagt der Ötte. „Wir haben heute bei Kolpes eine Menge Kartoffellaub gesammelt, davon geben die uns bestimmt was ab, wir können es mit 'nem Bollerwagen holen. Und bei uns im Garten haben wir auch Kartoffeln ausgemacht, übermorgen müßte das Laub trocken sein bei dem Wetter."
„Gut", sagt der Johann, „dann bis übermorgen um fünf."
„Und bringt eure Schwestern mit", schreit Lodja den Jungen aus der Blücherstraße hinterher.
Plascha fällt ein dicker Stein vom Herzen.
„Mensch, Ötte", sagt sie, „du kannst vielleicht mit denen umgehn, du wirst bestimmt Gewerkschafter wie dein Vater und der alte Kulla."
„Glaub ich auch", sagt der Ötte und lacht. „Und jetzt ran an die Kartoffeln!"
Plascha wird heute überhaupt nicht müde, sie sortiert mit Lodja die Kartoffeln und schleppt die schweren Eimer in den Keller, als würden sie überhaupt nichts wiegen.
Und am nächsten Tag hilft sie Mama beim Kraut- und Kappeseinmachen. Die Ziska Wischnewski hat eine Kappesschabe im Haushaltswarengeschäft ausgeliehen, die benutzen die Frauen aus dem Haus gemeinsam. Sie haben einen alten Tisch im Hof aufgestellt, an dem arbeiten sie alle.
Und wenn ein Faß voll ist, legt Plascha ein paar saubere Kappesblätter obendrauf und Lappen und Steine zum Beschweren.
„Linsen pupinsen", sagt der Felix, als er die Fässer sieht, „hüppen in Düppen, kochen vier Wochen und sind noch hart wie'n Knochen."
„Nee", Plascha muß lachen. „Diesmal sind in den Düppen keine Linsen und auch keine Bohnen, da ist überall Kappes drin."

Und dann kommt der Kartoffelfeuertag. Plascha ist morgens schon aufgeregt. Ob die Kinder aus der Blücherstraße wirklich kommen?
Sie könnten es sich ja auch anders überlegt haben. Und ob das anhält mit dem Frieden?
Plascha, Lodja und Ötte gehen zweimal mit dem Bollerwagen zu Kolpes und holen Kartoffellaub, es wird ein riesiger Haufen hinter den Ställen. Die anderen Kinder aus dem Haus wollen auch nachmittags kommen und noch etliche Kinder aus der Sedanstraße.
„Renn doch nicht dauernd in der Gegend rum", sagt Lodja mittags, „du machst uns noch ganz verrückt."
Plascha ist so unruhig, weil es ihr auf einmal wie im Märchen vorkommt, daß die Blücherstraßenkinder zum Kartoffelfeuer kommen wollen. Je mehr sie darüber nachdenkt, umso weniger kann sie es glauben.
„Natürlich kommen die", sagt Lodja, „es ist doch fest ausgemacht."

Um kurz vor fünf sind sie alle da.
Der Johann und der August ziehen einen kleinen Bollerwagen, der ist voll mit Kartoffellaub und Reisig.
Die Jungen von neulich sind vollzählig gekommen und noch etliche Mädchen aus der Blücherstraße, sie haben Kartoffeln mitgebracht und sehen alle nicht so aus, als ob sie einen Streit anfangen wollten.
Zuerst bleiben die Blücherstraßenkinder unter sich und die Sedanstraßenkinder auch, aber als das Feuer erst einmal brennt, mischen sie sich allmählich, und als die Glut genau richtig glimmt, um die Kartoffeln hineinzuwerfen, muß Plascha schon genau hingucken, um herauszufinden, welches Kind zu welcher Straße gehört.
Sie gibt sich einen Ruck, geht zum August und setzt sich neben ihn. Der tut so, als hätte er nichts gemerkt.
„August", sagt sie leise, so daß er seinen Kopf ein biß-

chen zu ihr rüberbeugen muß, um sie zu verstehen, „mit dem Griffelkasten hauen wollte ich dich nicht, das war die Wut wegen dem Schultornister."

Der August guckt ins Feuer, er weiß noch nicht, was er sagen soll, aus seinem Gesicht wird Plascha nicht schlau. Er stochert mit einem Stöckchen in der Glut herum und rollt eine Kartoffel hin und her.

„Die ist noch nicht gar", sagt Plascha.

Jetzt läßt der August die Kartoffel bleiben und guckt Plascha ins Gesicht, er ist mit sich ins reine gekommen. „Wenn ich du gewesen wär", sagt er bedächtig, „ich hätt es genauso gemacht. Und..." er zögert für einen Moment: „Pollack sag ich nicht mehr."

Plascha ist froh.

„Soll ich dir nächstens mal die Rechenaufgaben erklären?" fragt sie vorsichtig.

„Machst du das?" fragt der August zurück.

Plascha nickt.

Und sie bleiben nebeneinander sitzen, auch als die Kartoffeln gar sind. Der Junge, der gesagt hat, daß sein Vater vor Verdun gefallen ist, heißt Rudi. Er setzt sich zu ihnen.

Die Kartoffeln schmecken gut, innen sind sie weich und außen knusprig und fast schwarz wie Kohle, und die Kinder haben schwarzverschmierte Lippen, als die Kartoffeln aufgegessen sind.

Der Rudi zieht eine Mundharmonika aus seiner Hosentasche. „Die ist von meinem Vater", sagt er stolz und spielt drauflos.

Es wird still um das Feuer. Und der Felix stellt sich vor den Rudi hin und hört andächtig zu.

„Willst du mal versuchen?" fragt der Rudi, als das Lied zu Ende ist, und er hält dem Felix die Mundharmonika hin.

Der traut sich nicht.

„Versuch mal", sagt der Rudi, „es ist nicht schwer."
Und der Felix probiert, ganz schüchtern zuerst und dann immer mutiger, schließlich hört er gar nicht mehr auf. Und plötzlich erkennt Plascha, was er spielt, schon beinah ganz richtig: das Lied von der Bauernhochzeit, das lustige, das sie so gerne mag. Der Felix kann Mundharmonika spielen.
„Wir machen noch öfter was zusammen", sagt der Johann, als die Kinder von der Blücherstraße nach Hause müssen.
Plascha guckt auf die blauen Flecke an ihrem Arm, sie sind blaß geworden. Und sie denkt an den Gewitternachmittag. War der wirklich erst vor gut einer Woche?

Und Freitag wird bei Lisbeth geschlachtet.
Schade, daß alles so heimlich vor sich gehen muß, daß man kein richtiges lautes Fest feiern kann. Der Hermann Klobes ist der lustigste Metzger weit und breit, der kommt schon immer zu den Hönnes zur Hausschlachtung.
Das Schlachten selbst mag Plascha überhaupt nicht, wenn die arme Sau so quiekt, läuft Plascha weg und hält sich die Ohren zu, das will sie nicht miterleben, und wie das Blut in einer Schüssel aufgefangen wird, das will sie nicht sehn. Auch Lisbeth und ihre Mama drücken sich am liebsten davor.
„Aber nachher feste reinhauen in die Würste, wenn die blutige Arbeit erst einmal getan ist", sagt der Hermann und tut, als wär er beleidigt, „das sind mir die Richtigen. Und ich bin der schlimme Metzger, was?"
Der Hermann meint es nicht so, und er selbst muß auch immer einen Schnaps trinken oder zwei, sobald die Sau tot ist, weil ihm das nahe geht, wie er sagt.
Als Plascha heute mit ihrer Mama zu Hönnes kommt, ist die Sau zum Glück schon geschlachtet, sie haben es in

der Waschküche gemacht, nicht im Hof wie in Friedenszeiten, und Lisbeth und ihre großen Geschwister haben draußen an verschiedenen Stellen Schmiere gestanden, es darf ja nichts rauskommen von der heimlichen Schlachterei.

Die Leute im Haus und die Nachbarn wissen Bescheid, den typischen Schlachtgeruch kann man sowieso nicht verheimlichen. Aber die würden nie was verraten, die Familie Hönnes ist nicht die einzige, die ein Schwein schlachtet, ohne das anzumelden. Von den Nachbarn ist wirklich nichts zu befürchten. Aber in letzter Zeit gibt es häufig Straßenkontrollen, weil immer mehr Leute vor Hunger aufs Land gehn und hamstern, und das ist genauso verboten wie die heimliche Schlachterei. Es ist schon vorgekommen, daß die Polizisten von der Straßenkontrolle auch Hausdurchsuchungen gemacht haben, und davor fürchten die Hönnes sich.

„Es sind keine Schnüffler vorbeigekommen", sagt Lisbeth fröhlich zu Plascha, „jetzt können wir nach und nach in Ruhe wursten."

„Und heute gibt es erst einmal Panhas und frische Blut- und Leberwurst", sagt die Mimi Hönnes, Lisbeths Mutter, „nehmt nur tüchtig, für die anderen Kinder pack ich euch was ein."

„Aber ich weiß gar nicht, wie ich mich revanchieren soll", sagt Mama.

„Unsinn", erwidert die Mimi Hönnes, „wie oft haben wir schon von eurer Ziegenmilch abbekommen, unsere Hippe gibt ja nicht so viel Milch. Und außerdem geht die Plascha immer mit der Lisbeth zusammen in die Wirtschaft am Hellweg und hilft den schweren Eimer mit Dröppelbier tragen."

Das stimmt, Plascha muß lachen. Die Lisbeth schämt sich, wenn sie von dem Bier, das beim Zapfen danebentropft, für das Schwein holen soll, aber Plascha macht

das nichts aus, sie geht gerne mit, und zu zweit können sie einen viel schwereren Eimer tragen.
Das Bier kriegt die Sau schön über die Woche verteilt, jeden Tag einen Napf voll. Es schmeckt ihr gut, und nachher liegt sie friedlich grunzend in der Ecke und setzt schneller Fett an.
Und jetzt läßt Plascha es sich in Hönnes' Küche schmekken. Tut das gut, sich mal so richtig satt zu essen, und noch dazu mit was anderem als nur mit Kartoffeln.
Mama und Mimi Hönnes unterhalten sich, natürlich über die Soldaten.
Lisbeths Papa liegt in einem Rotkreuzlazarett und soll demnächst entlassen werden. Er hat einen Schuß in sein linkes Bein bekommen, und die Wunde eitert und will nicht heilen.
„Mein Gott", sagt die Mimi, „was sie mit unseren Männern gemacht haben." Sie legt der Mama tröstend die Hand auf den Arm, sie weiß Bescheid wegen Papa. „Mein Bruder Paul war verschüttet", sagt sie dann, „meine Mutter hat geschrieben, daß er eine Kopfverletzung hatte, die ist nicht richtig behandelt worden, und jetzt kriegt er Anfälle, fast jeden Tag einen."
Plascha und Lisbeth sehen sich fragend an. Ob das solche Anfälle sind, wie der Charly sie ihnen vorgemacht hat? Hoffentlich nicht. Lisbeth guckt ganz erschrocken, sagt aber nichts.
Und Mama wird langsam unruhig. „Wir müssen jetzt gehen", sagt sie, „die anderen Kinder wissen nicht, daß wir bei euch sind, und bis die Franja Feierabend hat, wollten wir wieder zurück sein." Mama steht auf. „Und vielen Dank für alles."
Mimi Hönnes und Lisbeth gehen noch mit zur Tür, und Mama bekommt eine Tasche in die Hand gedrückt, da ist Panhas drin und Wurst für die Kinder zu Hause.
Es ist dämmrig draußen, Mama geht mit schnellen

Schritten, sie hat es jetzt sehr eilig, nach Hause zu kommen.
„Mama“, sagt Plascha plötzlich, „guck mal, da hinten an der Ecke sind so viele Leute, hoffentlich ist das keine Straßenkontrolle.“
Mama hat den Menschenauflauf auch schon entdeckt und hält ängstlich die Tasche fest. „Sollen wir einen anderen Weg gehen?“ fragt sie schnell.
„Warte hier auf mich“, sagt Plascha, „ich geh erst mal gucken, was da los ist, es kann ja auch was ganz anderes sein.“
Es ist aber nichts anderes, Plascha kommt sofort wieder zurück, sie ist nicht allein, der August Barken kommt mit ihr.
„Sie kontrollieren seit ungefähr zwei Stunden“, sagt er, „gerade haben sie unseren Nachbarn alles abgenommen, was die heute Nachmittag gehamstert haben, die sind im Münsterland gewesen und haben die Uhr vom Opa versetzt, und jetzt war alles umsonst.“ Der August ist richtig wütend. „Ich wollte sie warnen“, sagt er, „aber es hat nicht geklappt.“
„Und was macht die Polizei mit den Sachen?“ fragt Plascha.
Der August zuckt die Schultern, dann guckt er auf Mamas Tasche und fragt: „Ihr seid wohl auch irgendwo hamstern gewesen?“
„Ja“, sagt Plascha schnell, „und dann haben wir noch die Hönnes besucht.“ Sie will nichts verraten.
Im Schein der Straßenlaterne ist Mamas Gesicht ganz blaß geworden. „Wir müssen umkehren und über den Markt nach Hause gehen“, sagt sie hastig, „sie dürfen uns nicht erwischen.“
„Das geht nicht“, sagt der August, „am anderen Ende der Straße stehen auch welche und kontrollieren, die kann man bloß von hier noch nicht sehn.“

Mama fängt fast an zu weinen. „Was machen wir bloß?“ sagt sie, „hier können wir doch nicht bleiben.“
„Ich weiß, wie man hintenrum über die Höfe und durch die Gärten zum Markt kommen kann“, sagt der August, „ich geh mit euch, alleine findet ihr das nicht.“
Die Blücherstraße ist gleich um die Ecke, der August weiß hier Bescheid.
„Ich muß noch mal eben zu Lisbeth Hönnes“, sagt Plascha mit einem Blick auf Mama, „ich hab mein Strickzeug da liegenlassen.“
Plascha sieht, daß Mama verstanden hat. Plascha muß die Hönnes warnen, das ist wichtig, denn die Polizisten könnten ja wirklich auch Hausdurchsuchungen machen, wenn sie die Straße schon so abgeriegelt haben.
Plascha ist schnell zurück, und dann führt der August sie und Mama durch fremde Gärten und zwischen Ställen hindurch, sie müssen über eine Mauer klettern und über Zäune, die Mama bleibt mit ihrem Rock hängen und schwitzt vor Aufregung und Angst.
Endlich kommen sie zum Marktplatz.
Mama ist erschöpft und muß dauernd husten.
„Jetzt seid ihr in Sicherheit“, sagt der August tröstend.
Plascha hätte nie gedacht, daß der August so lieb sein kann. „Das vergeß ich dir nie“, sagt sie dankbar.
Der August grinst. „Laß man“, sagt er, „ich hab ja noch was gutzumachen. Bis morgen.“ Und er dreht sich um und will gehn.
Da löst sich langsam eine Gestalt aus dem Dunkeln, mein Gott, die hohe Kopfbedeckung, das kann nur ein Tschako sein.
August, Mama und Plascha bleiben stehen wie vom Blitz getroffen.
Mama hält Plaschas Hand ganz fest. Wieder muß sie husten.
Jetzt nehmen sie uns alles weg, und wir müssen vielleicht

noch Strafe bezahlen, denkt Plascha. Hätte ich doch die Tasche zu Hönnes zurückgebracht.
„Da, da!“ Vorsichtig kommt die Gestalt auf sie zu und rudert mit den Armen durch die Luft. Es ist kein Tschako, es ist der Kalla mit dem großen Kopf.
„Hast du uns einen Schreck eingejagt“, sagt der August.
„Da, da“, brabbelt der Kalla freundlich.
Mama zittert am ganzen Körper. Sie gibt dem August die Hand. „Komm bald mal zu uns“, sagt sie, „ich will mich noch richtig bei dir bedanken.“
„Ach was“, sagt der August und verschwindet mit dem Kalla in der Dunkelheit.
„Gut, daß wir nicht mehr verkracht sind“, sagt Plascha, „das hab ich dem Ötte zu verdanken.“
„Was für ein Segen“, sagt Mama und ihre Stimme klingt nicht mehr so zittrig. Die Tasche hält sie noch immer krampfhaft fest. „Die haben wir gerettet“, murmelt sie, „weil der August uns geholfen hat. Ich hab mich nicht getraut, hier auf der Straße auszupacken, ich hätte dem August gerne was abgegeben.“
„Ich will ihm sowieso die Rechenaufgaben erklären, das hab ich beim Kartoffelfeuer versprochen“, sagt Plascha, „ich bring ihn mit zu uns nach Hause.“
Und dann geht Mama so schnell, daß Plascha sich anstrengen muß, um mitzukommen. Sie haben es nicht mehr weit, und sie treffen auf keine Straßenkontrolle und auf keine verdächtige Gestalt; nur Franja läuft ihnen an der Ecke zur Sedanstraße in die Arme, sie ist schon zu Hause gewesen und hat sich Sorgen gemacht.

13. Kapitel

von Oma Doppka, die nicht mehr warten muß, und vom Bahnbeamten, den schier der Schlag trifft.

Der Krieg geht langsam zu Ende, man merkt es daran, daß nach und nach immer mehr Soldaten nach Hause kommen und nicht mehr zurückmüssen an die Front, obwohl an manchen Orten in Frankreich noch gekämpft wird, während der Krieg in Rußland ganz zu Ende ist.
Mit Pferd und Wagen kommen immer wieder Soldaten durch die Stadt, ihre Gesichter sind fast so grau wie die zerschlissenen Uniformen, müde sehen sie aus und viele halbverhungert. In ihren Augen ist etwas, was Plascha sich nicht erklären kann.
Sie hat sich das Kriegsende anders vorgestellt, so wie den Anfang mit Pauken und Trompeten, und gleich ist alles wieder normal, das ganze Leben. Aber nichts ist normal geworden, noch immer nicht.
Auch Züge mit Heimkehrern kommen immer häufiger im Bahnhof an. Mama geht jedesmal hin, wenn Soldatentransporte erwartet werden. Morgens liest sie die Zeitung von vorne bis hinten, ob wieder was über Heimkehrer drinsteht, oft kommt die Ziska Wischnewski, und Mama liest laut vor, weil die Ziska nie Lesen und Schreiben gelernt hat.
Plascha würde die Zeitung manchmal am liebsten verstecken, aber Lischa bringt immer eine mit, wenn sie vom Zeitungsaustragen zurückkommt, sie kriegt sie umsonst, und Mama stürzt sich gleich darauf, bevor sie die Zeitung im Haus weitergibt.
In den ersten Kriegsjahren hat sie täglich die Spalten mit den Namen der Gefallenen aufgeschlagen und mehrmals hintereinander gelesen, so, als könnte sie Papas Namen

übersehen haben. In letzter Zeit werden keine Namen mehr veröffentlicht, nur die Regimenter werden aufgezählt, die Verluste zu melden haben. Und über den Kriegsverlauf und die Heimkehrer steht auch immer was in der Zeitung, aber der Wawciniak sagt, die Hälfte wär sowieso gelogen, die könnten nicht zugeben, wie schlimm es tatsächlich ist, deshalb hat er noch eine Zeitung von den Sozis abonniert, den „Vorwärts", weil er glaubt, daß die ehrlicher schreiben.

Wenn Mama jetzt zum Bahnhof will, dann gehen entweder Lodja oder Plascha mit und manchmal der Felix, damit Mama nicht so allein ist auf dem weiten Weg, vor allem, wenn sie ohne den Papa zurückkommt.

Für Plascha sind die Bahnhofstage schrecklich. Sie fürchtet sich vor den ankommenden Zügen, vor dem Rattern und Quietschen, ehe sie endlich halten, denn dann steigen sie gleich aus, die heimkehrenden Soldaten.

Verwundete sind es, manche werden auf Tragbahren aus dem Zug gehoben, manchen fehlt ein Arm oder ein Bein, sie haben Narbengesichter vom Giftgas, von Schrapnell- und Granatsplittern, und vor diesen entstellten Gesichtern fürchtet Plascha sich.

Beinah genauso schlimm ist Mamas Enttäuschung, wenn der Papa wieder nicht mitgekommen ist und sie auch nichts über ihn erfahren kann. Und noch andere Frauen warten vergebens, immer sind Frauen an den Zügen und warten, allen voran die Oma Doppka.

Sie geht regelmäßig zweimal am Tag zum Bahnhof, schon seit dem Frühjahr, und vorher betet sie morgens in der Frühmesse den Rosenkranz, so laut und so hastig, daß die Leute sich nach ihr umdrehen und der Pfarrer verzweifelt hustet, aber davon merkt die Oma Doppka nichts. Die betet den Hippolit wieder lebendig, heißt es in der Gemeinde.

Es kommen auch Soldaten zurück, die mit ihm an der

Front gewesen sind, die haben Mitleid mit der alten Frau, die vergebens am Bahnhof sitzt und wartet. Sie versuchen vorsichtig, ihr beizubringen, daß er tot ist, aber das will sie nicht wissen.

Sie schüttelt energisch den Kopf, und ihr Zöpfchen wippt dabei rauf und runter, und sie macht ihren zahnlosen Mund auf und sagt geduldig: „Nein, ihr müßt ihn verwechselt haben, mein Hippolit ist nicht tot, das kann nicht sein!"

Und einmal ist Plascha dabei, da kommt einer, der kannte den Hippolit schon von der Schule, der war mit ihm in derselben Kompanie und hat gesehn, wie der Hippolit auf eine Mine getreten und in die Luft geflogen ist. „Dein Sohn war sofort tot, glaub mir, er hat nicht mehr gelitten", sagt der Soldat ganz leise.

Da wird die Oma Doppka zum erstenmal böse. „Sei still", schreit sie, und ihre Stimme klingt ganz dünn und schrill, „sei still und geh und sag das nie wieder, hast du gehört?"

Heute ist Plascha dran, mit Mama zum Bahnhof zu gehen, und der Felix will auch mit. Sie kommen zu früh, der Zug hat Verspätung wie meistens in diesen Wochen. Wieder sind einige Frauen da, die warten.

„Wo ist denn die Oma Doppka?" fragt der Felix. „Die sitzt ja gar nicht auf ihrer Bank."

„Vielleicht ist sie in der Stadt geblieben", sagt Mama, „du weißt ja, es kommen auch Soldaten mit Pferd und Wagen zurück."

Neben dem Bahnhofsgebäude setzt sich gerade ein Pferdewagen in Bewegung.

„Solche wie der da", sagt der Felix, „aber auf dem sind keine Soldaten, man kann gar nicht sehn, was der geladen hat."

Stimmt. Plascha strengt ihre Augen an, aber der Kut-

scher hat die Ladefläche mit einer schwarzen Plane abgedeckt.
In dem Moment rennt der Bahnbeamte, der sonst an der Sperre sitzt und Fahrkarten verkauft, über den Bahnhofsvorplatz und genau auf die wartenden Frauen und Kinder zu.
„Mein Gott", ruft er, „mein Gott, das ist doch nicht zu fassen, daß ausgerechnet mir so was passieren muß!" Er wischt sich mit einem buntkarierten Taschentuch den Schweiß von der Stirn. „Mich hätte schier der Schlag getroffen", sagt er und faßt sich an die Brust.
„Was war denn", drängt der Felix, „ist ein Zug entgleist?"
„Heute mittag will ich in Ruhe mein Brot essen, das meine Frau mir mitgegeben hat", sagt der Bahnbeamte, „und geh für einen Moment aus meinem Kasten raus an die Sonne. Da seh ich die Oma Doppka noch immer auf ihrer Bank sitzen und warten, wo sie doch sonst so pünktlich ist wie die große Bahnhofsuhr und um zwölf nach Hause geht, um ihre Kartoffeln zu essen.
‚Oma Doppka', hab ich gerufen, ‚willst du jetzt den ganzen Tag hier sitzen bleiben?' Aber sie hat keine Antwort gegeben, sie hat dagesessen, den Kopf ein bißchen schief, als wenn sie in den Himmel gucken wollte.
Ob die eingeschlafen ist? hab ich gedacht, wär ja kein Wunder bei dem weiten Weg zweimal am Tag, und die lebt ja nur noch von Kartoffeln und Steckrüben.
Ich bin zu ihr rübergegangen. ‚Oma Doppka', hab ich gesagt und sie vorsichtig an der Schulter gerüttelt, ‚Oma Doppka, wach auf, die Bank ist zu hart zum Schlafen!'
Und stellt euch bloß mal vor", sagt der Bahnbeamte, und seine Stimme wird noch aufgeregter als vorher, „da ist sie mir fast von der Bank gefallen, die war nämlich tot, mausetot, und ich hab das nicht mal gemerkt, sie hat ja schon lange so blaß und abgemagert ausgesehn." Der Bahnbe-

amte schüttelt den Kopf, als könnte er es noch immer nicht fassen.
„Ich glaub, sie hat den Hippolit da oben gesehn", sagt er dann noch feierlich und zeigt in die Wolken, „sie hatte die Augen zu, aber den Kopf hat sie in den Himmel gereckt, und ich mein sogar, daß sie ein bißchen gelächelt hat." Der Bahnbeamte wischt sich wieder mit seinem Taschentuch über die Stirn. „Und mich hätte schier der Schlag getroffen", murmelt er und geht zurück zum Bahnhofsgebäude, um Fahrkarten zu verkaufen.
Niemand sagt etwas, alle starren ungläubig auf die Bank, auf der die Oma Doppka immer gesessen hat.
Sie wartet nicht mehr, sie wird nie mehr mit wippendem Zöpfchen durch die Straßen laufen und den Leuten vom Hippolit erzählen.
Plascha ist traurig.
Auf dem Nachhauseweg sagt sie zu Mama: „Und ich hab gedacht, bestimmt wirkt der liebe Gott ein Wunder, wo die Oma Doppka so viel betet und immer nur wartet und sonst keinen Menschen mehr hat auf der Welt. Ich hab gedacht, vielleicht macht er, daß die sich wirklich geirrt haben, die sagen, der Hippolit wär tot, sie wüßten es genau. Und wenn es doch stimmt, dann weckt er ihn von den Toten auf wie den armen Lazarus in der Bibel."
„Vielleicht hat der liebe Gott auch so ein Wunder gewirkt", sagt Mama, „auch, wenn er den Hippolit nicht wieder lebendig gemacht hat. Vielleicht ist die Oma Doppka jetzt schon bei ihm im Himmel, und die beiden haben es viel schöner als hier unten."
Das leuchtet Plascha ein. Und sie muß an Hermines Beerdigung denken und daran, wie die Oma Doppka ihre vielen Röcke hochgehoben und in die Knickelkuhle gepinkelt hat, und da fängt sie auf einmal an zu lachen, und der Felix lacht mit, obwohl er nicht weiß warum.

14. Kapitel

von den Männern, die ganz anders aus dem Krieg heimkehren, als sie weggegangen sind.

Ein Brief mit schwarzem Rand kommt ins Haus, aber nicht für Mama, sondern für Ziska Wischnewski. Ihr Mann hat Ende September noch aus Frankreich geschrieben, daß er gesund ist und hofft, bald nach Hause zu kommen, und dann hat es ihn ein paar Tage später erwischt, als der Krieg so gut wie zu Ende war.
Die Ziska geht herum mit einem Gesicht wie aus Stein, und Klärchen will keine Topflappen mehr häkeln.
Von der Zeche kommt einer, der sagt, daß die Ziska sich mit ihren Mädchen eine andere Wohnung suchen muß, weil doch die Häuser der Zeche gehören, und Zechenangehörige sind die Wischnewskis ja nun nicht mehr.
„Das ist doch der Gipfel", sagt Mama empört und geht gleich zum Wawciniak rüber, und der trägt Ziskas Geschichte auf der nächsten Gewerkschaftsversammlung vor. Die Gewerkschaftsleute setzen ein Schreiben auf an die Zechenleitung, und die Kumpels aus der Kolonie unterschreiben und machen Rabatz am Zechentor, und schließlich kann die Ziska mit ihren beiden Mädchen erst mal wohnen bleiben.

Der Strelcyk kommt eines Tages nach Hause und der Kaspar Kulla und Lisbeths Vater auch.
„Er hat immer noch Schwierigkeiten mit seinem Bein", sagt Lisbeth, und auch sonst scheint nicht alles so recht zu klappen, denn die Lisbeth sieht gar nicht froh aus und meint, sie muß sich erst wieder daran gewöhnen, daß der Vater mit ihnen lebt.
Komisch. Plascha ist verwirrt wegen der Männer, die

nach Hause kommen. Sie hat sich das alles so schön vorgestellt, jedenfalls, wenn sie an den Papa gedacht und sich ausgemalt hat, wie das wär, wenn er nach Hause käme. Er könnte sich doch nicht so verändert haben, oder?

Aber der Kaspar Kulla ist auch immer so ein fröhlicher Kerl gewesen, und jetzt ist er schrecklich ernst, und man kann keinen Blödsinn mehr mit ihm machen. Zuerst hat Plascha ihn nicht einmal erkannt, als er beim alten Kulla in der Küche saß, so verändert sieht er aus mit der breiten Narbe quer über dem Gesicht, und das rechte Auge ist jetzt kleiner als das linke, das kommt auch von der Narbe. Der alte Kulla sagt, daß der Kaspar Glück im Unglück gehabt hat, weil das Auge selbst unverletzt geblieben ist. Aber Verbrennungen an Armen und Beinen hat der Kaspar auch noch, so groß kann das Glück wohl nicht gewesen sein.

Der Kaspar, der immer so ein Kindskopf war, der sitzt jetzt stundenlang beim alten Kulla am Küchentisch und starrt vor sich hin, sagt kein Wort und rührt in seiner Kaffeetasse, sogar, wenn die längst leer ist, und nicht mal der alte Kulla weiß, was man dagegen machen kann.

„Das geht schon irgendwann vorbei“, sagt er, „wir müssen ihn einfach in Ruhe lassen.“ Aber er sieht bekümmert aus, als er das sagt, und seine Stimme klingt nicht so überzeugend wie sonst.

Der Charly ist schon seit Wochen in der Gegend und versucht immer wieder, seinen Freund aufzuheitern, doch er kann ihn nicht in den Kaspar von vor dem Krieg zurückverwandeln, auch wenn der Charly ein Zauberer ist und sich die allergrößte Mühe gibt.

Noch einer ist von der Front heimgekommen, den hat vorher niemand hier gekannt, es ist der neue Vikar in der Gemeinde, der seine erste Stelle bekommen hat.

Freiwillig hatte er sich zum Kriegsdienst gemeldet im guten Glauben, das wär er seinem Vaterland und seinem Kaiser schuldig, der Pfarrer in seiner Heimatgemeinde hatte von heiliger Pflicht und von Gottes Willen gepredigt, und daß jeder, der zur Beichte und Kommunion geht, sofort in den Himmel kommt, wenn ihn der Heldentod trifft.
Der Heldentod hat ihn nicht getroffen, und er ist dankbar dafür, er denkt inzwischen ganz anders über Vaterland und Kaiser und Gottes Willen.
„Der ist in Ordnung“, sagt der Kaspar über den Vikar, „der weiß was vom Leben, vom Krieg, die ganze Scheiße, der hat was kapiert, dem sind die Augen genauso aufgegangen wie mir und vielen anderen, die im Schützengraben gewesen sind, der hat seine Meinung nicht bloß aus Büchern wie unser Pastor.“
Oft sitzt der neue Vikar beim alten Kulla in der Küche, und in Kaspars Gesicht kommt wieder Leben, wenn er dem Vikar sein Herz ausschütten kann. Plascha und Lisbeth sitzen manches Mal dabei und hören zu, weil sie wissen wollen, wie der Krieg für die Soldaten gewesen ist.

Am Tag nach Oma Doppkas Beerdigung gehen sie beide nachmittags zum alten Kulla, er soll Schuhe für die Mimi Hönnes reparieren.
Schon an der Tür hören sie Kaspars aufgeregte Stimme: „Der spinnt ja, der Bahnbeamte, beinah hätte ihn der Schlag getroffen, so’n Quatsch, bloß weil er die Oma Doppka tot gefunden hat, friedlich wie im Schlaf auf der Bank, den hätten sie mal an die Front schicken sollen!“
„Jetzt red bloß nicht schon wieder von der Front“, sagt der Charly, „red lieber davon, was jetzt werden soll, es tut sich allerhand im Land.“
„Ich weiß“, sagt der Kaspar, „aber ich knack immer noch

daran, wie sie uns reingelegt haben mit ihrem Geschwätz von Vaterlandsverteidigung. Bis ich mal begriffen hatte, wen wir eigentlich verteidigt haben! Die Großen, solche wie den Krupp, die von der Eisen- und Stahlindustrie, die haben wir verteidigt, und für die sollen wir jetzt wieder den Karren aus dem Dreck ziehen." Heftig setzt er seine Kaffeetasse auf den Tisch. „Und wer ist scharenweise verreckt, in Rußland, in Frankreich? Natürlich die Arbeiter, egal aus welchem Land."

„Klar", sagt der alte Kulla, „das sind ja auch überall die meisten. Und daß die kleinen Leute zuerst ihre Haut zu Markte tragen müssen, wenn's irgendwo brennt, das ist so alt wie Methusalem."

Lisbeth rutscht unruhig auf ihrem Stuhl hin und her.

„Ich glaub, du willst auch was sagen?" fragt der Vikar.

Lisbeth nickt. „Mein Papa behauptet, und zum Dank für vier harte Jahre Grabendienste müssen die deutschen Arbeiter jetzt noch härter ran an die Maloche als vorher und kriegen kaum was zu fressen."

„Genau", knurrt der Kaspar.

Plascha hört nachdenklich zu.

„Aber die französischen und die russischen Arbeiter, das sind doch jetzt die Sieger?" fragt sie und guckt auf den Vikar.

Der Kaspar lacht, und sein Lachen klingt böse wie so oft, seit er zurückgekommen ist.

„Ich glaube nicht", sagt der Vikar. „Die kleinen Soldaten verlieren jeden Krieg, egal, auf welcher Seite sie stehen. Nein, der Kaspar hat recht, wer gewinnt, das sind vor allem die Waffenfabrikanten, die verdienen dickes Geld am Krieg. Und von dem Landgewinn, den die Siegermächte machen, ob in der Heimat oder in Übersee, glaub bloß nicht, daß die Arbeiter was davon haben, und wie viele von denen waren an der Front."

Der alte Kulla fährt sich mit der Hand über die Glatze.

„Jetzt soll Elsaß-Lothringen wieder an Frankreich gehen“, sagt er, „das ist so ein Beispiel. Glaubst du, es ist ein Unterschied für die Kumpels in den lothringischen Zechen, ob sie zu Deutschland oder zu Frankreich gehören? Die Ausbeuterei bleibt bestimmt dieselbe.“
„Ich hab französische Kriegsgefangene kennengelernt“, erzählt der Vikar, „prima Kerle, die sind genauso betrogen worden wie wir mit dem Gerede vom Vaterland, das verteidigt werden muß. Ein französischer Geistlicher hat mir sein Kriegstagebuch gezeigt, der hat alles aufgeschrieben, was er erlebt und gefühlt hat, es war dasselbe, was ich auch erlebt und gefühlt habe, haargenau. Und mit den Russen wird es nicht viel anders gewesen sein.“
Der Kaspar nickt, er war ja bis zuletzt in Rußland dabei.
Der Vikar ist noch nicht ganz fertig, man sieht, wie er nachdenkt, und dann sagt er mit seiner leisen, eindringlichen Stimme: „Die anderen Völker, die am Krieg beteiligt waren, die haben ihre vielen Gefallenen, genau wie wir, und ihre Verwundeten. Und die Soldaten, die keine sichtbaren Wunden oder Narben mit nach Hause gebracht haben, die sind trotzdem nicht heil davongekommen, das könnt ihr mir glauben, die haben Narben auf der Seele, die bleiben fürs Leben und brechen immer wieder auf. Und da ist kein großer Unterschied, ob nun das Land offiziell Sieger oder Verlierer ist.“
Plascha guckt den Vikar erstaunt an.
Narben auf der Seele, ist es das?
Starrt der Kaspar deshalb oft stundenlang vor sich hin?
Kommt Lisbeth deshalb nicht so zurecht mit ihrem Vater wie früher?
Und der Strelcyk, was ist mit dem?

„Der ist im Krieg total übergeschnappt", hat die Pina den großen Mädchen im Hof erzählt. „Früher, da hat er ja auch manchmal am Zahltag gesoffen und Krach gemacht, aber jetzt ist es nicht mehr auszuhalten mit ihm. Dauernd ist er besoffen. Auf der Zeche haben sie ihn gleich wieder eingestellt, alle ehemaligen Bergleute müssen sofort wieder eingestellt werden, das ist eine Anordnung von oben, aber die Mama hat Angst, daß sie ihn feuern, wenn er so weitermacht. Am liebsten würde er sowieso nicht mehr arbeiten gehn, die Hälfte der Zeit macht er blau, und besoffen eingefahren ist er auch schon, der Steiger hat noch mal ein Auge zugedrückt, aber es darf nicht mehr vorkommen, sagt er. Und wovon sollen wir leben, wenn sie ihn rausschmeißen? Und dabei haben wir uns so gefreut, als er zurückgekommen ist."
Die Pina hat ausgesehn, als ob sie gleich losheulen wollte, aber sie hat die Tränen zurückgehalten und mit leiser Stimme weitergesprochen. „Dreckig und verlaust ist er gewesen, die Mama hat ihm Badewasser heißgemacht, mitten in der Woche, und hat ihn abgeseift wie unser Hannchen. Und dann hat sie ordentlich zu essen für ihn besorgt, weil er so ausgehungert war, sogar ihre silbernen Ohrringe hat sie versetzt, auf die sie immer so stolz gewesen ist. Der Alte hat gefressen, so was habt ihr noch nicht gesehn. Mach langsam, hat die Mama gesagt, das hält dein Magen nicht aus so plötzlich. Aber der hat sich nicht drum gekümmert, hat weiter reingeschlungen, und wir standen daneben und haben zugeguckt, und das Wasser ist uns im Mund zusammengelaufen. Aber der hat uns keinen Bissen abgegeben, auch der Mama nicht, er hat gefressen, bis ihm schlecht geworden ist und er alles rausgekotzt hat, und die Mama hat es wegmachen müssen. Schade um die Wurst."
Plascha sieht die Pina vor sich, wie sie da im Hof stand und aufgehört hat zu reden und immer nur auf die Stall-

wand geguckt und mit dem Fingernagel vom Zeigefinger an einem abgebrochenen Ziegel rumgekratzt hat, bis sie plötzlich weggelaufen ist. Und halb im Weglaufen hat sie sich noch einmal umgedreht und gesagt: „Der war früher nicht so, ganz bestimmt nicht, und geschlagen hat er früher auch nicht."

Die Mädchen haben alle nicht gewußt, was sie der Pina sagen sollten, denn wenn der Strelcyk rumkrakeelt, das hören alle im Haus und können sich schon denken, was da oben passiert.

Plascha weiß, daß Mama schon zweimal raufgegangen ist und dem Strelcyk Bescheid sagen wollte, aber er hat sie einfach nicht reingelassen in die Wohnung und den Wawciniak auch nicht.

Jetzt sitzt Plascha in der Küche vom alten Kulla und erzählt alles, was sie von der Pina weiß. Der Vikar hört ihr genau zu und verspricht ihr, sich um die Familie zu kümmern.

Schon am nächsten Tag fängt der Strelcyk wieder an zu randalieren.

Mama sitzt unruhig am Tisch und flickt. „Wenn der nicht gleich aufhört, geh ich noch mal rauf", sagt sie, „ich hab Angst um die Rosa, der Strelcyk weiß nicht mehr, was er tut."

Da geht nebenan die Tür, und der Wawciniak brüllt durchs Treppenhaus: „Mensch, Strelcyk, halt die Klappe, hier im Haus wohnen noch andere Leute, ich hab Nachtschicht gehabt und krieg kein Auge zu bei deinem Theater, verdammt noch mal!"

Einen Moment lang ist der Strelcyk still, aber in die Stille hinein hört man die Rosa schluchzen.

Mama springt auf und läuft nach oben, der Wawciniak und Lene und Plascha hinterher, und Mama hämmert mit ihren Fäusten bei Strelcyks gegen die Tür und

schreit: „Mach sofort auf, Strelcyk, sonst hetz ich dir die Polizei auf den Hals."
„Schert euch zum Teufel", knurrt der Strelcyk, „es geht euch nix an, was ich mach."
„Laß sofort die Rosa raus und die Kinder", schreit Mama, „sonst sorg ich dafür, daß du eingelocht wirst."
Jetzt öffnet der Strelcyk einen Spaltbreit die Tür, hinter ihm auf dem Tisch sieht Plascha die Schnapsflasche stehen. „Haut ab", schreit er, „und kümmert euch um euren eignen Dreck!"
Da hat der Wawciniak schon einen Fuß in der Tür, und ehe der Strelcyk sich versieht, ist die Mama an ihm vorbei und bei der Rosa in der Küche und nimmt sie in die Arme. „Komm mit zu uns", sagt sie, „wo hast du die Kinder?"
Die Rosa deutet mit dem Kopf auf die Tür zur Schlafkammer. „Die haben Angst", sagt sie unter Schluchzen.
„Kommt raus, Kinder", ruft Mama, „es passiert euch nichts."
„Du hast hier überhaupt nichts zu sagen", schnauft der Strelcyk wütend und will auf Mama losgehen, da packt ihn der Wawciniak und setzt ihn einfach auf den nächsten Küchenstuhl. „Bleib bloß da sitzen", droht er, „sonst bind ich dich fest."
Der Strelcyk versucht, wieder auf die Beine zu kommen, aber der Wawciniak ist stärker und schneller.
Inzwischen hat die Lene die Kinder aus der Schlafstube geholt und Mama die Rosa bei der Hand gefaßt, und der Strelcyk kann nichts dagegen machen, daß sie alle zusammen nach unten gehen.
„Leg dich ins Bett und schlaf deinen Rausch aus", hört Plascha den Wawciniak sagen, als sie schon auf der Treppe sind, und da fängt der Strelcyk an zu weinen wie ein kleines Kind.

Die Rosa hält sich die Ohren zu und weint auch.
„Das ist kein Leben mehr", schluchzt sie, „er ist ein armer Teufel, seit er zurückgekommen ist, er wird nicht fertig mit dem, was er erlebt hat, dauernd muß er sich besaufen, und die Kinder und mich macht er auch noch kaputt damit."
Plascha versteht immer mehr, was der Vikar meint mit den Narben auf der Seele, die fürs Leben bleiben. Und beim Strelcyk sind sie noch ganz frisch.

Die Rosa setzt sich mit ihren Kindern an den Küchentisch, und Mama kocht Tee. „Ich weiß nicht, wie das weitergehen soll", schluchzt die Rosa, und zu Mama sagt sie: „Sei mir nicht böse, aber manchmal denk ich, du bist besser dran als ich, allein mit den Kindern leben war einfacher als das jetzt, auch wenn das Geld noch knapper war."
Die Lene wirft der Rosa einen warnenden Blick zu, aber Mama ist nicht gekränkt, sie sieht ja, was die Rosa mitmachen muß. Wie ein Häufchen Elend sitzt sie da am Küchentisch und zuckt bei jedem Geräusch zusammen, das von oben kommt, der Strelcyk läuft ruhelos in der Wohnung hin und her.
„Der Wawciniak hat recht, er soll seinen Rausch ausschlafen", sagt die Pina, die Hannchen auf dem Schoß und Jupp und Fritz rechts und links neben sich sitzen hat. „Er kann doch nicht immer so weitermachen."
Da geht oben die Tür, und der Strelcyk kommt mit schweren Schritten die Treppe runter.
Die Rosa schreit auf, und Pina verkriecht sich mit den jüngeren Geschwistern in der Schlafstube.
„Wir lassen ihn nicht rein, keine Angst", sagt Mama und ist schon mit der Lene an der Küchentür, und auch Plascha und Lodja helfen, die Tür zuzuhalten.
„Gib endlich Ruh, Strelcyk", ruft Mama laut.

Inzwischen ist der Wawciniak wieder im Flur, man hört ihn mit dem Strelcyk reden wie mit einem Kind, das sich wehgetan hat.
„Hör auf, um dich zu schlagen“, sagt er, „du mußt dir Zeit lassen und dich erst wieder an das normale Leben gewöhnen.“
„Ich kann's nicht.“ Der Strelcyk schluchzt, „ich hab Angst. Ich hab jeden Tag Angst davor, in die Grube einzufahren, das ist das Schlimmste. Da unten in der Enge und der Dunkelheit, da ist mir, als läge ich wieder im Schützengraben, und gleich fängt der Wahnsinn an, das Trommelfeuer, die Giftgasschwaden, und ich kann nicht weg.“
Der Wawciniak läßt den Strelcyk reden und reden, sie scheinen beide auf den Steintreppen im Hausflur zu sitzen.
Die Rosa beruhigt sich allmählich, aber sie weiß nicht, was sie machen soll. Sobald sie mit ihren Kindern in die Wohnung zurückgeht, fängt wahrscheinlich alles von vorne an.
„Ich geh zum Vikar“, sagt Plascha, „der kennt sich mit den Soldaten aus, vielleicht weiß der einen Rat.“
Und sie klettert aus dem Küchenfenster, weil die Männer noch immer im Flur auf der Steintreppe sitzen, und lauft zum Pfarrhaus; der Vikar zieht seine Joppe an und kommt gleich mit.
Unterwegs erzählt ihm Plascha, was passiert ist.
„Reden nützt da nicht viel“, sagt der Vikar nachdenklich, „vielleicht kann ich ihn eine Zeitlang bei meiner Schwester auf dem Land unterbringen, die Grube ist vorläufig Gift für ihn.“
Der Strelcyk läßt sich vom Vikar mitnehmen nach oben in die Wohnung, da sind die beiden lange zusammen, doch was sie miteinander besprechen, erfährt kein Mensch.

Später kommt der Vikar runter in die Küche und setzt sich neben die Rosa und sagt, daß der Strelcyk fest versprochen hat, heute nichts mehr zu trinken, und daß er ihn morgen früh abholen und versuchen will, ihn bei seiner Schwester unterzubringen auf einem Bauernhof im Münsterland.
„Und die Zeche?" fragt die Rosa, „ob die ihn dort später überhaupt noch mal nehmen, wenn er jetzt einfach geht?"
„Ich red mit dem Steiger", sagt Bolesch, der Franja wieder einmal von Kolpes abgeholt hat, „er wird ihm nichts Nachteiliges in die Papiere schreiben lassen, da kannst du sicher sein."
Plascha und ihre Schwestern sitzen noch lange bei Mama in der Küche, nachdem die anderen alle gegangen sind. Sie flüstern nur und horchen nach oben, weil sie dem Strelcyk nicht trauen. Doch es bleibt still.
Und am anderen Morgen kommt der Vikar gleich nach der ersten Messe wie verabredet, um den Strelcyk zu holen, die Rosa und die Pina gehen mit bis zur Ecke und winken, Plascha kann sie vom Schlafstubenfenster aus sehn.
Jetzt ist der Wawciniak wieder der einzige Mann im Haus, denkt sie, und vor ein paar Jahren waren es noch vier.

15. Kapitel

vom Kaiser, der in den Sack haut, und von den Arbeitern und Soldaten, die das Land regieren wollen.

Es ist kalt, ein feuchtkalter Novembertag. Zum Glück hat der Bolesch einen Teil von seiner Deputatkohle beigesteuert, und Mama muß nicht so sparsam heizen wie letzten Winter. Der Bolesch ist jetzt fast jeden Tag in der Sedanstraße, er gehört schon beinah zur Familie, und niemand hat was dagegen. Am wenigsten der Felix, der weicht dem Bolesch kaum von der Seite. Und daß die Mama den Bolesch mag, das sieht man schon daran, daß sie ihm oft die Zeitung gibt, bevor sie selbst sie gelesen hat; der Bolesch ist nämlich genauso ein eifriger Zeitungsleser wie die Mama.

Und im Augenblick hat Mama alle Hände voll zu tun, weil sie an Franjas Aussteuer arbeitet, die Franja und der Bolesch wollen im nächsten Frühjahr heiraten. Und deshalb kommt die Mama kaum noch zum Zeitunglesen.

Heute wird es wieder mal eng in der Küche, weil Plascha mit dem August Rechnen übt, der Bolesch dem Felix Siebzehn und Vier beibringt und Mama, Lodja, Lischa und Lisa blauweißkarierte Handtücher für Franjas Aussteuer säumen. Die Lisa hat seit einigen Tagen sehr viel Zeit, sie arbeitet nicht mehr auf der Zeche, und darüber ist sie sehr böse.

Sie versteht schon, daß die Männer, die aus dem Krieg kommen, wieder Arbeit und Brot haben müssen. Aber deshalb kann man die Frauen, die während der Kriegszeit die Arbeit der Männer getan haben, doch nicht einfach so auf die Straße setzen.

Jahrelang hat der Franek auf Heinrich-Gustav gearbeitet, und weil die Lisa kurz nach Beginn des Krieges am

Leseband angefangen hat, durfte sie die kleine Zechenwohnung behalten, auch als der Franek gefallen ist.
Und nun grübelt die Lisa darüber, was werden soll. Noch muß sie die Wohnung nicht räumen, aber das wird sicher bald kommen, und überhaupt, wie soll sie die Miete aufbringen, wenn sie keine Arbeit hat? Ab wann sie Rente bekommt und wieviel, ist noch nicht entschieden.
Die Lisa hat Schneiderin gelernt, früher ist sie zu den Leuten in die Häuser gegangen und hat für sie genäht, ihr Essen hat die Lisa zum Lohn bekommen und auch ein bißchen Geld oder Lebensmittel, es hat jedenfalls immer zum Leben gereicht. Aber jetzt gibt es nicht mehr viele Leute, die sich eine Schneiderin leisten können, die Armut wird jeden Tag schlimmer.

Plascha zuckt über ihrem Rechenheft zusammen. Die Küchenfensterscheibe klirrt, jemand hat ein Steinchen dagegen geworfen. Ein schriller Pfiff auf zwei Fingern folgt nach.
Mama legt erschrocken ihr Handtuch in den Schoß.
Plascha reißt das Fenster auf. Im Hof steht einer der Zeitungsjungen, mit denen Lischa jeden Morgen in aller Herrgottsfrühe loszieht.
Er rückt seine Schiebermütze zur Seite und grinst, ganz durchgefroren sieht er aus.
„Kannst deine Schwester schicken“, ruft er, „wir müssen heut noch mal los, Extrablätter verkaufen.“
„Bin sofort fertig.“ Die Lischa legt das angefangene Handtuch auf den Tisch und geht in die Schlafstube, um ihre warmen Sachen zu holen.
„Komm doch rein“, ruft Plascha dem Jungen zu, „wärm dich inzwischen ein bißchen auf bei uns in der Küche.“
„Keine Zeit.“ Der Junge zögert. Aber dann kommt er doch rein, holt einen Packen Extrablätter aus seiner dikken Zeitungstasche und legt sie auf den Tisch.

„Laß uns gleich eins hier", sagt der Bolesch und angelt sich das oberste Blatt vom Stapel.
„Sensation, Sensation", sagt der Zeitungsjunge und grinst schon wieder, „schlägt bei den Leuten ein wie 'ne Bombe, das sag ich euch."
„Bestimmt wieder was mit den Matrosen in Kiel, die hauen auf den Putz", sagt der August, „mein Vater meint..."
„Menschenskind." Der Bolesch zwirbelt aufgeregt seinen Bart. „Dem Kaiser haben sie Beine gemacht."
„Beine gemacht?" fragt der Felix ungläubig, „waren seine denn ab?" Und er guckt auf sein Holzpferdchen, das auf dem Küchenschrank steht und wieder alle vier Beine hat.
„Nee", sagt der Bolesch und muß lachen, „der ist schon nicht zu nah rangekommen an die Front, der hat sich kein Bein abschießen lassen. Ich mein, daß sie ihn zum Teufel gejagt haben, weil er nichts taugt, verstehst du? Hier in der Zeitung steht dick und fett, daß er nach Holland geflohen ist."
„Ich wein ihm bestimmt keine Träne nach", sagt die Lisa und stichelt an dem karierten Handtuch, als wenn sie dafür Akkord bezahlt kriegte. „Das Blaue vom Himmel hat er uns vorgelogen. Wißt ihr noch? Herrlichen Zeiten wollte er das deutsche Volk entgegenführen. Und jetzt geht es uns so dreckig, daß es zum Himmel stinkt."
„Wer weiß, was erst an Kriegsschulden auf uns zukommt", sagt Mama.
„Los, komm!" Der Junge mit der Schiebermütze wird ungeduldig und drückt Lischa einen Teil der Extrablätter in die Hände, „die müssen so schnell wie möglich unters Volk."
Die beiden ziehen los.
„Die junge Republik kann keinen Kaiser gebrauchen", sagt der Bolesch.

„Haben die Matrosen ihn davongejagt?" fragt Plascha. Sie weiß vom Aufstand der Hochseeflotte in Kiel, die Matrosen haben sich geweigert, noch einmal mit ihren Schiffen gegen die Engländer auszulaufen, weil sie wußten, daß der Krieg auf jeden Fall verloren war; sie wollten nicht für eine hoffnungslose Sache sterben. So hatte vorige Woche in Kiel die Revolution angefangen und war dann übergesprungen auf München und Berlin.

„Es heißt, der Kaiser hat abgedankt und ist nach Holland geflohen", sagt der Bolesch, „jetzt sollen überall Arbeiter- und Soldatenräte gebildet werden, so wie in den letzten Tagen in Kiel, München und Berlin."

„Dann kommt die Revolution auch zu uns, heißt es das?" fragt Plascha.

„Ich glaub schon", meint der Bolesch, „jedenfalls versteh ich den Zeitungsschreiber so. Aber langsam blickt da kein Mensch mehr durch."

Plascha merkt, daß der Bolesch genauso aufgeregt ist wie sie.

„Ich geh noch mal beim alten Kulla vorbei", sagt er, „vielleicht weiß der Kaspar schon mehr, der ist immer ganz wild auf Neuigkeiten aus der Politik."

Der August steht gleichzeitig mit dem Bolesch auf und zieht seine Joppe an.

„Mama, kann ich mit?" bettelt Plascha.

Aber Mama bleibt hart, da nützt kein Betteln.

„Es wird früh dunkel, da will ich nicht, daß du noch unterwegs bist, wo man sowieso nicht weiß, was noch alles passiert wegen der Revolution", sagt sie bestimmt, und dann, mit einem Blick auf das Handtuch, das Lischa auf den Tisch gelegt hat: „Du kannst uns ruhig ein bißchen helfen beim Säumen, mußt ja nicht immer alles mitkriegen, was die Männer reden."

Plascha ist wütend. Jetzt gehen Bolesch und August ohne sie los, und sie wäre so gerne mitgegangen. Im Land ist

Revolution, und da soll sie in der Küche sitzen und langweilige blauweißkarierte Handtücher säumen, wo sie Handarbeiten überhaupt nicht mag.
Der Bolesch hätte ruhig bei Mama ein Wort für sie einlegen können, vielleicht hätte das was genützt. Aber das ist dem nicht eingefallen! Hauptsache, er kriegt was mit von der Revolution.
„Ist schon richtig, daß sie sich für Politik interessiert", sagt die Lisa, „siehst ja, was sie mit uns Frauen machen. Weil wir nicht genügend Bescheid wissen, und weil wir nie gelernt haben, uns zu wehren, schieben sie uns hierhin und dahin, wie es ihnen gerade paßt. Massenhaft haben sie Frauen und Mädchen in die Rüstungsfabriken geholt, in die Zechen, als Ausbesserungskolonnen an die Reichsbahn, zwölf Stunden am Tag und mit halb soviel Lohn wie für Männer. Und warum? Damit sie ihren verdammten Krieg führen konnten. Jetzt brauchen sie uns nicht mehr. Jetzt schicken sie uns an den Kochtopf zurück und kümmern sich einen Dreck darum, daß wir nicht mal was zum Kochen haben."
„Stimmt schon", sagt Mama, „ich will ja auch nicht, daß meine Mädchen so hinterm Mond aufwachsen wie wir früher, aber Plascha ist mir manchmal ein bißchen viel unterwegs für ihr Alter." Sie seufzt. „Revolution", sagt sie und schüttelt den Kopf, „hoffentlich fließt nicht wieder Blut. Vier Jahre Krieg waren schon viel zuviel."
Eilige Schritte sind im Flur zu hören. Das muß Lischa sein, die wieder zurück ist.
Nebenan geht die Tür, und die Lene Wawciniak ruft: „Warte mal, Lischa, hast du meinen Alten nicht gesehen, der müßte längst zurück sein von der Zeche."
„Es ist was los in den Straßen", sagt Lischa, „auf dem Rathaus..."
„Wollt ihr nicht zu uns in die Küche kommen", sagt Mama, „hier drin ist es wärmer als im Flur."

Mit Lene und Lischa kommen auch die Rosa Strelcyk und die Ziska Wischnewski in die Küche, sie wollen wissen, was draußen los ist.
Die Ziska redet noch immer nichts, sagt höchstens mal ja oder nein, wenn sie gefragt wird. Das ist so, seit sie den Brief mit schwarzem Rand bekommen hat, aber sie interessiert sich wenigstens wieder für das, was um sie herum passiert.
„Also, was ist auf dem Rathaus?" fragt Plascha.
„Sie haben eine rote Fahne aufgezogen", berichtet Lischa. „Ein Arbeiter- und Soldatenrat soll für die Stadt gewählt werden, heute noch, der Wawciniak ist auch zur Wahl aufgestellt, sagt der Ötte."
„Das kann ich mir denken", knurrt die Lene, „deshalb kommt er nicht nach Hause."
„Der Wawciniak macht Revolution", die Lisa lacht, „darauf hat er bestimmt schon lange gewartet, dein alter Sozi."
Der Ötte ist also auch unterwegs, denkt Plascha, und es wurmt sie noch mehr, daß die Männer und die Jungen so einfach mitmachen bei dem, was draußen passiert, und niemand regt sich auf deswegen. Nur die Frauen sitzen in der Küche und warten ab, als hätten sie mit alledem nichts zu schaffen.
Wo Franja bloß bleibt? Plascha fühlt sich gar nicht wohl mit den Frauen. Sie ist ihnen böse, weil sie miteinander schwatzen, statt auf die Straße zu gehen. Sie würde Franja gerne abholen und mit ihr darüber reden, aber das erlaubt Mama ja nicht.
Also sitzt Plascha am Tisch und näht an dem blöden Handtuch und ärgert sich immer mehr.

Endlich kommt Franja nach Hause. „Besuch haben die Kolpes gehabt, den ganzen Nachmittag und bis jetzt", erzählt sie aufgebracht, „alles Bauern und Geschäftsleu-

te, die hatten vielleicht ein Sitzfleisch, kann ich euch sagen. Kaffee, Schnaps und Geräuchertes mußten wir bringen, die Köchin und ich. Dabei wär ich so gerne früher nach Hause gegangen, um zu sehen, was los ist. Was ich bei denen aufgeschnappt hab, was die da geredet haben, das hat mich richtig wütend gemacht."
„Dann erzähl mal", sagt die Lene, „damit wir uns mitärgern können."
„Natürlich haben sie über die Revolution geredet, und daß jetzt der Kaiser auch noch hat fliehen müssen, wo er doch einst vom ganzen Volk umjubelt war. In der Stunde des Zusammenbruchs, da hätte man ihm erst recht die Treue halten müssen. Aber die Roten hätten sich durchgesetzt mit ihren Machenschaften, wo sie sowieso Schuld sind am schlechten Ausgang des Krieges, weil sie dem Kaiser und dem Militär mit der Revolution in den Rükken gefallen sind. ‚Die hetzen das Volk bloß auf mit ihren Ideen', hat der Kolpe gesagt und mit der Faust auf den Tisch geschlagen, ‚in acht nehmen müssen wir uns vor dem Gesindel, die wollen uns unser Hab und Gut wegnehmen, um es an alle zu verteilen, aber das lassen wir uns nicht gefallen, wir müssen die Waffen bereithalten für das, was kommt.'"
„Das klingt nach Bürgerkrieg", sagt Mama leise.
„Mal nicht gleich den Teufel an die Wand", wehrt Franja ab, „nach dem dritten Schnaps waren die alle so weit, daß sie den Krieg beinah noch nachträglich gewonnen hätten, so stark haben sie sich gefühlt. Morgen früh werden sie schon wieder vernünftiger denken."
„Hoffentlich", murmelt Mama, die Ziska nickt, und Lene sagt: „Von denen lassen wir uns bestimmt nicht ins Bockshorn jagen. Das Volk aufhetzen, so ein Blödsinn. Die sollten mal nur ein paar Wochen so hungern wie wir. Was haben wir denn für schlimme Ideen, die wir dem Volk angeblich aufzwingen wollen? Frieden wollen wir,

ein für allemal, ein bißchen mehr Gerechtigkeit und ein halbwegs menschliches Leben, als ob das schon zuviel verlangt wär!"

„Du solltest auch aufs Rathaus gehen und dich aufstellen lassen zur Wahl", sagt die Lisa, „kannst mindestens genauso gut reden wie dein Alter, ganz im Ernst."

„Vielleicht sollten wir uns alle mehr um die Politik kümmern", sagt die Rosa nachdenklich, „und nicht immer alles den Männern überlassen. Nicht mal wählen dürfen wir."

„Wo ist denn der Bolesch?" erkundigt sich Franja, „war der heute nicht hier?"

„Doch", sagt Plascha, „aber als er das Extrablatt gelesen hat, wollte er beim alten Kulla vorbei und mit dem Kaspar reden. Bestimmt hocken die Männer zusammen und beraten die Revolution, wenn sie nicht in die Wirtschaft am Hellweg gegangen sind."

„Und du siehst so aus, als wärst du am liebsten mitgegangen?" Franja guckt Plascha fragend an.

„Stimmt", sagt Plascha trotzig, „aber die Mama hat mich nicht weggelassen." Plascha würde jetzt gerne so richtig losschimpfen, danach ist ihr zumute, aber sie sieht die steile Falte auf Mamas Stirn und hält lieber den Mund. Morgen ist die Revolution bestimmt noch nicht zu Ende, sie fängt ja gerade erst an.

„Ob das Bild vom Kaiser wohl noch überm Pult hängt?" fragt Lisbeth anderntags auf dem Weg zur Schule. Daran hat Plascha noch gar nicht gedacht. Wenn der Kaiser nach Holland flüchten mußte, weil er nichts taugt, dann werden sie seinen Geburtstag am 27. Januar wohl auch nicht mehr in der Schule feiern und das blöde Gedicht aufsagen müssen, denkt Plascha und freut sich darüber.

Heute morgen ist auf den Straßen noch viel mehr los als sonst. Überall stehen Gruppen von Menschen beieinan-

der, es wird heftig geredet und gestritten. Jeder hat seine eigene Meinung zu dem, was im Augenblick passiert.
Vor Sippels Bäckerladen hat sich eine größere Menschenmenge versammelt. Plascha und Lisbeth drängen sich zwischen den Leuten durch und klettern auf das Mäuerchen, auf dem der Felix gesessen hat, als die Jungen aus der Blücherstraße mit Steinen geworfen haben.
Der Bäcker Sippel steht vor seiner Ladentür und ist zornrot im Gesicht, der Heini steht neben ihm und sieht aus, als hätte er geheult.
„Verdammtes Gesindel, Schurken", flucht der Sippel laut, „kommen einfach reingeschneit in meinen Laden und plündern mich aus, soll das wohl die Revolution sein? Geht nach Hause, Leute, bei mir gibt's heute kein Brot!"
Ein Murren und Schimpfen geht los von allen Seiten.
„Brot kann man das schon lange nicht mehr nennen, was du uns verkaufst", schreit eine wütende Frau.
„Meine Schuld ist das nicht", gibt der Sippel böse zurück, „mußt dich bei denen beschweren, die's Mehl ausgeben."
„Ruhe", schreit eine Männerstimme dazwischen. Plascha stutzt. Die Stimme kennt sie doch?
Da entdeckt sie den Kaspar Kulla, er trägt eine rote Binde am Arm und hat ein Gewehr umgehängt.
„Leute", ruft er laut und energisch, und es wird still vor dem Bäckerladen, „solche Dinge müssen wir in Zukunft unbedingt verhindern. Die Revolution hat nichts zu tun mit Plünderei, das ist Diebstahl wie eh und je. Der Arbeiter- und Soldatenrat wird dagegen vorgehn, das verspreche ich euch. Gestern ist er für unsere Stadt gewählt worden, damit wir die wichtigsten Probleme anpacken können, die Versorgung der Bevölkerung mit Lebensmitteln, Beschaffung von Arbeit und Wohnungen..."

„Mensch, du“, sagt Lisbeth und boxt Plascha in die Rippen, „guck mal, der Heini läuft schon da vorn, und wenn der so schnell geht, müssen wir uns beeilen, sonst kommen wir zu spät in die Schule.“

Plascha wäre gerne noch geblieben und hätte dem Kaspar zugehört. Ganz lebendig hat er wieder ausgesehen, richtig begeistert. Der Arbeiter- und Soldatenrat muß eine wichtige Sache sein.

Plascha und Lisbeth rennen um die Wette. Zuerst überholen sie den Heini und nachher noch den August und den Rudi.

„Wart ihr auch beim Sippel?“ fragt der Rudi, „ich hab euch gar nicht gesehen.“

„Ja“, keucht Plascha im Laufen, „und jetzt kommen wir alle zu spät in die Schule, so'n Mist.“

Fräulein Hölter ist ärgerlich. „Was soll das?“ fragt sie streng, „glaubt ihr, bloß weil wir keinen Kaiser mehr haben, könnt ihr in die Schule kommen, wann es euch paßt? Auch in der Republik braucht alles seine Ordnung.“

„Entschuldigung, Fräulein Hölter“, sagt Plascha für alle anderen mit, „in der Blücherstraße waren so viele Leute, bei Heinis Vater im Bäckerladen ist geplündert worden, und einer von den neuen Räten hat gesprochen.“

Plascha guckt auf die Stelle überm Pult. Das Bild vom Kaiser ist weg. Zwar sieht der helle Fleck auf der schmuddeligen Wand auch nicht gerade schön aus, aber besser der Fleck als der Kaiser, über den Plascha sich so lange geärgert hat. „Ehe das Laub von den Bäumen fällt, sind meine Soldaten zurück von der Front.“ Warum hat er das bloß gesagt? Ob er's wenigstens selbst geglaubt hat? Das würde Plascha gerne wissen.

„So ist das also gewesen“, sagt Fräulein Hölter ein bißchen freundlicher, „dann bleibt das hoffentlich eine Ausnahme und ihr kommt morgen wieder pünktlich zum Unterricht?“

Alle, die zu spät gekommen sind, nicken.
Und dann will Fräulein Hölter genau wissen, wie das mit der Plünderung war, und der Heini ist stolz, weil er ganz allein erzählen darf, und alle hören ihm zu, obwohl er mehr als einmal ins Stottern kommt.
Eine Rotte ehemaliger Soldaten waren die Plünderer, sie sind heute früh in den Laden gekommen und haben alles frische Brot von der Theke genommen, sein Vater hat hilflos zugucken müssen. Gedroht haben sie ihm. Dem Heini kommen wieder die Tränen, und Plascha weiß nicht, ob er weint, weil das ganze Brot futsch ist oder weil die Soldaten so mit seinem Vater umgegangen sind.
„So was passiert bei Revolutionen", sagt Fräulein Hölter, „Revolution bedeutet, daß eine Veränderung gewaltsam vor sich geht, versteht ihr? Das wird von kriminellem Gesindel leicht ausgenützt."
Der Heini Sippel kratzt sich am Kopf und starrt Fräulein Hölter an.
Kriminelles Gesindel? denkt Plascha. Vielleicht haben die Soldaten den Hunger einfach nicht mehr aushalten können, vielleicht...
„Ich habe große Zweifel, ob unser Volk im Augenblick auf dem richtigen Weg ist", sagt Fräulein Hölter, „das könnte leicht ein Bürgerkrieg werden." Sie sieht genauso ängstlich aus wie Mama.
Gewaltsame Veränderung. Die Worte bleiben Plascha im Ohr. Die Lene hat gestern noch in der Küche gesagt: „Wenn wir warten, bis man uns freiwillig zugesteht, was wir jetzt fordern, werden wir alt und grau, ohne daß irgend etwas passiert. Wir müssen schon kämpfen, wenn wir was erreichen wollen."
Aber wie muß man kämpfen? Plascha weiß es nicht.
„Mit Worten, mit Streiks, aber nicht mit Waffen", hatte der Vikar letzte Woche gesagt.

„Und was ist mit den alten Mächten?“ hatte der Wawciniak gefragt, „wenn's hart auf hart geht, hat die andere Seite bestimmt die hohen Militärs und die Polizei hinter sich, und wir können gleich einpacken, wenn wir keine Waffen haben zu unserer Verteidigung.“

In der Pause stehen einige Lehrer auf dem Schulhof zusammen.
„Der Graute ist vielleicht in Fahrt“, sagt der Rudi, „der schimpft wie ein Rohrspatz auf die Roten. Das könnten anständige Bürger sich nicht bieten lassen, meint er, die Arbeiterwehr, das ginge wohl zu weit, und sämtliche politischen Gefangenen hätten sie aus den Gefängnissen geholt, da könnte man sich noch auf was gefaßt machen.“
Plascha guckt zu den Lehrern rüber. Ob Mama und Fräulein Hölter doch nicht bloß den Teufel an die Wand malen mit ihrer Angst vor Bürgerkrieg?

Mittags steht der Felix schon am Küchenfenster und wartet auf Plascha. „Der Bolesch ist noch nicht gekommen, und ich muß ihm was sagen, unbedingt.“ Der Felix tut geheimnisvoll.
„Wir gehen nachher zum alten Kulla“, sagt Plascha, „vielleicht ist er da.“
Sie beeilt sich mit den Hausaufgaben, und Mama läßt sie mit dem Felix gehen, aber in der Tür ruft sie Plascha noch einmal zurück und sagt: „Und paßt ja auf euch auf, wenn sie irgendwo schießen, dann kommt bloß sofort nach Hause.“
Es wird aber nirgendwo geschossen, obwohl Männer mit roten Armbinden und umgehängten Gewehren in den Straßen zu sehen sind, so wie der Kaspar heute morgen. Sie sehen nicht angriffslustig aus.
„Wir sind die neue Arbeiterwehr“, sagt einer stolz, „wir

müssen gucken, wie wir den festgefahrenen Karren wieder flottkriegen können."
Immer reden sie von Karren, die sie aus dem Dreck ziehen oder flottmachen müssen, denkt Plascha, als ob das Land so ein Karren wär, an dem man nur feste ziehen muß, und schon sind die Räder wieder frei.

Natürlich sitzen die Männer beim alten Kulla in der Küche und reden: Der Kaspar, der Vikar, der Charly, der Bolesch und der Wawciniak. Die Marie ist heute ausnahmsweise dabei, weil sie einen Tag frei bekommen hat.
Der alte Kulla hockt in der Ecke und hört zu, und nur manchmal mischt er sich ein in das, was die anderen reden.
„Ich denk, ihr macht Revolution, ihr wollt doch so viel verändern", sagt Plascha enttäuscht, „aber ihr redet ja bloß."
„Man kann nicht einfach so drauflos verändern", sagt der alte Kulla, „man muß sich genau überlegen, was man will und wie man's erreichen kann."
„Und darüber gibt es ganz verschiedene Meinungen", sagt der Kaspar düster, er sieht gar nicht mehr so sicher aus wie heute morgen vor Sippels Bäckerladen.
„Das ist schon zum Verrücktwerden", sagt der Wawciniak, „wenn wir Roten uns untereinander nicht einigen können."
„Ich muß dir was sagen." Der Felix zieht den Bolesch aufgeregt am Ärmel.
Der Bolesch schiebt seinen Stuhl zurück und nimmt den Felix auf den Schoß.
„Der Kaiser ist gar nicht nach Holland geflohen", sagt der Felix ernst, „der ist nämlich bei Krupp in Essen."
„Woher weißt du das?" fragt der Bolesch verdutzt.
„In der Blücherstraße haben sie ein Lied gesungen, das

hab ich extra auswendig gelernt." Und schon fängt der Felix an zu singen:

„O Tannenbaum, o Tannenbaum,
der Kaiser hat in' Sack gehau'n.
Jetzt kauft er sich 'n Henkelmann
und fängt bei Krupp in Essen an.
O Tannenbaum, o Tannenbaum,
der Kaiser hat in' Sack gehau'n."

Erwartungsvoll guckt der Felix sich um, was die Männer wohl zu seiner Neuigkeit sagen. Als sie alle anfangen zu lachen, ist er enttäuscht.

Der Bolesch drückt ihn an sich. „Ärger dich nicht", sagt er, „weißt du, das ist ein Lied, das haben sich die Leute zum Spott ausgedacht, weil sie böse sind auf den Kaiser."

„Dann ist er also doch in Holland?" fragt der Felix.

„Ja, und mit vierzig Eisenbahnwaggons voll unentbehrlichem Hausrat soll er gefahren sein", sagt der Kaspar. „Wenn ich bloß daran denke, wie wir aus Rußland zurückgekommen sind, obwohl wir alle Verletzungen hatten. Zusammengepfercht in verdreckten Viehwagen, und gefroren haben wir, obwohl es so eng war. Da wird das kaiserliche Porzellan bequemer gereist sein." Er guckt sich in der Küche um und fragt: „Wieviel Eisenbahnwaggons wir wohl brauchen würden?"

„Ist ja auch bloß 'n Bergmannshaushalt", sagt der Bolesch und zieht ein zerknittertes Stück Zeitung aus seiner Hosentasche. „Hier auf dem Foto könnt ihr sehn, wie der Kaiser Holz hackt in Holland."

„Zum Zeitvertreib, ha", sagt der alte Kulla grimmig, „das hat ihm immer schon Spaß gemacht, heißt es. Den hätten sie mal in die Grube schicken sollen, eine Schicht lang wenigstens, da hätte er zum Zeitvertreib bei über dreißig Grad auf dem Bauch liegen und Kohle hacken können."

„Wenn er an der Front Besuch gemacht hat, soll er immer seinen Lieblingsnachtisch gekriegt haben, frische Erdbeeren", sagt der Charly, „selbst im letzten Kriegsjahr noch."

„Manche von den hohen Offizieren und Beamten haben im Krieg auch gelebt wie die Fürsten", sagt der Kaspar, „und das Volk hat gehungert."

„Und wir wissen schon lange nicht mehr, wie wir die Kinder im Waisenhaus sattkriegen sollen", sagt die Marie mit zornigem Gesicht. „So viele Kinder sterben an Unterernährung, viel mehr als vor dem Krieg. Wenn ich nur an die Kinder mit Schwindsucht und Rachitis denke, die wir in letzter Zeit hatten! Bei anständigem Essen wären die alle nicht krank geworden."

„So kann's wirklich nicht weitergehen", sagt der Vikar, „da habt ihr völlig recht, aber was wollt ihr jetzt erst mal machen?"

„Wir haben im Rat einen Aufruf entworfen, der wird als Plakat gedruckt und an alle Litfaßsäulen geklebt", erzählt der Wawciniak. „Da kann jeder lesen, auch in den Zeitungen, was unsere Ziele und Aufgaben sind, und daß wir mit Plünderern kurzen Prozeß machen, damit unsere Gegner uns nicht gleich wieder allesamt als Kriminelle abstempeln können."

„Und seht zu, daß kein Blut fließt", sagt der Vikar, „davor hab ich am meisten Angst, daß es zu Gewalttaten kommen könnte."

„Uns liegt bestimmt nichts am Blutvergießen", sagt der Kaspar, „es steht uns nach den Kriegsjahren bis obenhin. Wir wollen endlich in Frieden leben, aber wie Menschen, darauf haben wir ein Recht."

„Übermorgen soll eine große Demonstration sein", sagt der Bolesch, „wir wollen uns an der Zeche und bei den großen Fabriken versammeln und dann in mehreren Zügen zum Rathaus marschieren. Dort ist eine Kundge-

bung geplant, ein paar von den Arbeiter- und Soldatenräten werden sprechen und die Bevölkerung um Unterstützung bitten."
„Bist du auch im Rat?" fragt Plascha.
„Nein", sagt der Bolesch, „aber es ist wichtig, daß der Rat auf den Zechen und in den Betrieben Leute hat, die fest zu ihm halten."
„Oder die auf der Straße nach dem Rechten sehen, so wie ich", sagt der Kaspar.
„Dann bist du auch nicht im Rat?" fragt Plascha.
„Nein", sagt der Kaspar, „von uns ist nur der Wawciniak im Rat, ich gehör zur Arbeiterwehr, aber die ist vom Rat gebildet worden."
„Demonstration?" fragt der Felix, „was ist denn das?"
Der Bolesch versucht zu erklären: „Da gehen die Leute auf die Straße, um zu sagen und zu zeigen, was sie wollen..."
„Und was wollen sie denn?" unterbricht der Felix.
„Nie wieder Krieg", sagt Plascha sofort.
„Und Arbeit und Brot für alle", fügt der Vikar hinzu.
„Verstehst du, Felix?" fragt der Bolesch, „das ist das Wichtigste, was wir fordern, und das wollen die meisten Leute in unserem Land. Darum gehen sie auf die Straße, nicht nur hier, in vielen anderen Städten auch. Alle sollen Bescheid wissen, die vorläufige Regierung in Berlin und besonders die Leute, die alles beim alten lassen wollen."
„Wir müssen die Flugblätter noch verteilen", sagt der Kaspar und erklärt dem Felix gleich, was Flugblätter sind.
„Dürfen wir helfen?" fragt Plascha, „ich kann noch mehr Kinder holen, die ganz bestimmt gerne mitmachen."
„Das wär nicht schlecht", sagt der Bolesch, „der Kaspar und ich haben noch allerhand zu tun heute nachmittag, und in der Druckerei sind sie hoffentlich fertig inzwischen."

„Und die Mama?" fragt Felix.
„Der verraten wir nichts davon", sagt Plascha, „sonst macht sie sich gleich wieder Sorgen."
Endlich kann Plascha auch ein bißchen mitmachen bei der Revolution, wenigstens Flugblätter verteilen, das ist doch was anderes als Handtücher säumen.
„Ihr könnt den Felix ja schon mal mitnehmen zur Druckerei", sagt sie zu Bolesch und Kaspar, „ich geh die anderen Kinder holen."
Sie rennt zu Lisbeth, die ist gleich Feuer und Flamme, und ihre Eltern haben nichts dagegen, daß sie Flugblätter verteilt. Der August und der Rudi und noch ein paar Kinder aus der Blücherstraße machen auch mit, und auf dem Weg zur Druckerei treffen sie Ötte, Lodja, Fine und Karl.
„Mama ist bei Lisa", sagt Lodja, „zum Glück sitzt sie nicht zu Hause und wartet auf uns."
Ob Mama wohl mitkommt auf die Demonstration? denkt Plascha. Aber sie hat keine Zeit, um darüber nachzudenken. Der Bolesch und der Kaspar teilen die Flugblätter auf. Und dann überlegen sie, wer mit wem zusammen geht und wer welche Straßen übernimmt.
Plascha, Lisbeth und Felix gehen gemeinsam.
„Wir treffen uns nachher am Rathaus, wer noch Lust hat, wenn die Flugblätter verteilt sind", ruft der Ötte ihnen nach.
Sie bringen die Flugblätter in Läden und Hausflure, stekken sie in Briefkästen und an Kellerfenster, und jedem, der ihnen entgegenkommt, drücken sie eins in die Hand.
Viele Leute bleiben stehen und fangen sofort an zu lesen, manche sagen auch gleich, was sie darüber denken, eine junge Frau läuft ihnen nach und ruft: „Das ist gut, endlich können wir zeigen, daß wir nicht immer weiter alles mit uns machen lassen wie die Kriegsjahre hindurch."

Es gibt auch Leute, die wollen kein Flugblatt. Ein Mann zerknüllt es wütend und schmeißt es hinter ihnen her. „Verdammtes Pack“, schreit er, „die Drecksblätter könnt ihr behalten, damit wisch ich mir nicht mal den Hintern ab.“

Am späten Nachmittag findet man die Flugblätter überall, und jeder, der will, kann lesen:

Bürger und Kameraden!

Die Bekanntmachungen zur Bildung des Arbeiter- und Soldatenrates für unsere Stadt sind ab heute an allen Litfaßsäulen zu lesen. Unsere Aufgaben und Ziele haben wir erklärt. Aber nicht der Arbeiter- und Soldatenrat allein sollte sich um unser aller Zukunft kümmern. Die gesamte Bevölkerung ist dazu aufgerufen. Nach vier Jahren Vernichtung und Gewalt müssen wir dauerhaft Frieden schaffen. Darum bitten wir euch: Kommt zur großen Demonstration am Donnerstag, unterstützt den von euch gewählten Arbeiter- und Soldatenrat...

Plascha kennt den Text auswendig, auch die Uhrzeiten und Treffpunkte.

Sie sind jetzt ziemlich weit draußen, nahe an Kolpes Hof.

„Dem Bauern müssen wir unbedingt ein Flugblatt bringen“, sagt Plascha, „der ist doch so gegen die Revolution. Vielleicht denkt er mal richtig nach, wenn er das alles liest.“

„Willst du reingehen und ihm ein Flugblatt geben?“ fragt der Felix.

„Nee“, sagt Plascha, „das stecken wir lieber heimlich in den Briefkasten, sonst schimpft er bestimmt, und die Franja kriegt Ärger.“

Sie kommen an die Hofmauer. Plascha und Lisbeth ducken sich, der Felix ist sowieso ein Stück kleiner. Sie schleichen näher zum Tor. Gleich daneben hängt der Briefkasten.

Der Hund knurrt und kommt aus seiner Hütte. Über die Mauer kann er nicht, er ist angekettet.
„Nicht bellen, Hasso, ich bin's bloß", flüstert Plascha.
Lisbeth und Felix bleiben ein Stückchen zurück.
Plascha geht langsam ein paar Schritte näher zum Tor.
Der Hund steht da und guckt ihr zu. Seine Ohren sind steil aufgerichtet. Vom Pferdestall hört Plascha Kolpes Stimme. Er redet mit dem Knecht.
Du darfst jetzt nicht bellen, Hasso, denkt Plascha, sonst kommt der Kolpe sofort und guckt, was hier los ist.
Sie faltet ein Flugblatt und steckt es in den Briefkasten.
Hasso steht unbeweglich da.
Ich darf keine Angst haben, denkt Plascha, Hunde merken das.
Sie guckt dem Hasso streng in die Augen, eh sie sich umdreht. Sie hat keine Angst. Langsam geht sie zu Lisbeth und Felix zurück.
„Nicht rennen", flüstert sie und nimmt den Felix an die Hand.
Im Schneckentempo gehen sie zur Straße. Plascha dreht sich noch einmal um. Hasso rührt sich nicht vom Fleck, er wedelt mit dem Schwanz.
„Komm weg hier", dem Felix dauert das alles zu lange, er reißt sich los und fängt an zu rennen.
Da bellt Hasso hinter ihm her.
„Was ist denn los, du dummer Köter", schreit der Bauer.
Hasso hört nicht auf zu bellen.
Jetzt rennen Plascha, Lisbeth und Felix so schnell sie können und bleiben erst stehen, als sie sicher sind, daß man sie vom Hof aus nicht mehr sehen kann. „Hast wohl Gespenster gesehn, blödes Vieh", hören sie den Kolpe schimpfen, „hier ist doch weit und breit kein Mensch."
„Denkste." Der Felix lacht.

„Das ist noch mal gutgegangen“, sagt Plascha zufrieden.
„Gehn wir zum Marktplatz?“ fragt Lisbeth, als das letzte Flugblatt verteilt ist.
Plascha nickt und zieht den müden Felix hinter sich her; obwohl ihm fast die Augen zufallen, will er noch nicht nach Hause.
Sie treffen die Jungen aus der Blücherstraße.
„Schade, daß unsere Väter das nicht erleben“, sagt der Rudi, als er Plascha sieht, „die hätten ganz bestimmt mitgemacht.“
„Dafür helfen wir eben ein bißchen“, sagt Plascha, „jetzt zum Schluß sind wir noch bei Kolpes gewesen, mal sehn, was der Bauer sagt, wenn er das Flugblatt liest.“ Und sie erzählt von der Versammlung neulich bei Kolpes, nachdem die Flucht des Kaisers bekannt geworden war.
„Wir haben uns zu Kolpes Briefkasten hingeschlichen“, sagt der Felix und wird wieder munter, „der Hund hat geknurrt, richtig böse, wir haben vielleicht einen Schreck gekriegt.“
„Wenigstens hat er nicht gleich gebellt“, sagt Lisbeth, „und wir sind ja auch schleunigst abgehauen.“
„Ob der Bauer sich ärgert?“ fragt der Felix.
„Soll er ruhig, wenn er uns nicht verstehen will“, sagt der Rudi, „wir waren auch bei jemand, der sich ärgert, wenn er in seinen Briefkasten guckt. Könnt ihr euch denken, wer das ist?“
„Keine Ahnung“, sagt Plascha.
„Der Graute“, sagt der Rudi und grinst, „dem hab ich gleich zwei Flugblätter in den Kasten gesteckt, hoffentlich liest er wenigstens eins.“

Am anderen Tag in der Schule gibt es auch bloß das eine Thema: Die große Demonstration.
„Der Graute hat getobt“, erzählen Ötte und Lodja in der

Pause, „er hat mit dem Flugblatt in der Luft herumgefuchtelt und gesagt, daß wir uns ja nicht von den Roten verhetzen lassen sollen, er hätte sogar gehört, daß Kinder diese Fetzen gestern verteilt haben."
„Gut, daß der mich nicht erwischt hat", sagt der Rudi, „wer weiß, was der mit mir gemacht hätte."
„Der darf dir gar nichts tun", sagt der Ötte, „die Leute vom Arbeiter- und Soldatenrat haben jetzt das Sagen, da kann der Graute nicht mehr machen, was er will."
Revolution ist aufregend, denkt Plascha. Jeden Tag passiert was Neues. Alle müssen sich um die Zukunft kümmern, steht auf dem Flugblatt. Ein bißchen mehr Gerechtigkeit, sagt die Lene; alles dummes Geschwätz, was auf dem Flugblatt steht, soll der Graute geschimpft haben, Geschwätz und sonst nichts.
Es ist bestimmt schwer, Leute wie den Graute und den Kolpe davon zu überzeugen, daß unsere Forderungen was anderes sind als dummes Geschwätz. Aber das müssen wir versuchen, überlegt Plascha.

Als Plascha am Donnerstag aus der Schule kommt, liegen Franja, Bolesch und Lisa in der Küche auf dem Fußboden und malen mit roter Farbe „Nie wieder Krieg" und „Brot und Arbeit für alle" auf Stücke von einem alten Bettlaken. Mit abgesägten Besenstielen werden Transparente daraus.
Franja hat sich den Nachmittag bei Kolpes freigenommen, dafür muß sie den ganzen Sonntag arbeiten. „Ich kann doch nicht bei Kolpes Kartoffeln schälen und Böden schrubben, wenn ihr alle demonstrieren geht", sagt sie lachend.
„Und die Köchin?" fragt Plascha.
„Ich glaub, die wär auch am liebsten mitgegangen", sagt Franja, „aber sie hat sich nicht getraut, weil sie meint, der Bauer sieht das nicht gerne."

Und dann ist es Zeit für die Demonstration. Franja und Bolesch tragen das Transparent mit der Aufschrift „Nie wieder Krieg". Von allen Seiten, aus allen Straßen der Stadt strömen Menschen zu den Versammlungsorten. Viele tragen Transparente oder rote Fahnen, manche haben sich Plakate vor der Brust oder auf dem Rücken befestigt, Plakate mit Aufschriften gegen den Hunger und gegen den Krieg.

Vom Zechentor aus setzt sich der Demonstrationszug in Bewegung, bis zum Rathaus ist es ein ganzes Stück Weg. Plascha ist aufgeregt. So viele Menschen, und alle wollen dasselbe. Ein Mann im verschlissenen Soldatenmantel schwenkt seine rote Fahne und schreit: „Nie wieder Krieg!" – und Hunderte von Stimmen wiederholen den Ruf. Plascha schreit mit, so laut sie kann.

Sie geht mit Lisbeth neben Franja, zwei Reihen vor sich entdeckt sie die Strelcyks. Pina dreht sich um und kommt zu Plascha gelaufen. „Hast du gesehn?" fragt sie, „mein Vater ist extra für die Demonstration gekommen, die Schwester vom Vikar hat ihm zwei Tage frei gegeben. Zuerst hab ich einen Schrecken gekriegt, als er in der Tür stand, und Hannchen hat angefangen zu weinen. Aber der Papa hat sich hingesetzt und ein Stück Speck ausgepackt und Brot und ein paar Eier, und sogar Geld hat er der Mama gegeben. ‚Hab noch keinen Pfennig versoffen', hat er gesagt, ‚die ersten Tage waren am schlimmsten, aber die Leute auf dem Hof, die wußten Bescheid vom Vikar und haben mir geholfen.'" Die Pina macht ein frohes Gesicht. „Vielleicht wird's wieder mit ihm", sagt sie, „und jetzt sind wir erst mal alle zusammen auf der Demonstration."

„Von uns gehen auch alle mit", sagt Plascha, „Mama ist mit Felix und Lisa und den Wischnewskis ein Stück weiter hinten." Aber Plascha erzählt nicht, wie lange sie gestern auf die Mama einreden mußten, bis sie endlich ge-

sagt hat, daß sie mitkommt. Franja und Bolesch haben es schließlich geschafft, sie zu überreden. Die hatten so gute Gründe, warum es wichtig ist, daß möglichst viele Leute mitmachen, da konnte die Mama nicht nein sagen, obwohl sie immer noch Angst hat.
Pina läuft wieder vor zu ihrer Familie.
Das Transparent ist ziemlich schwer, der Gustav Barken und seine Frau lösen Franja und Bolesch ab mit dem Tragen.
„Übrigens", sagt der Bolesch, „was ich schon länger loswerden wollte: Euer August ist in Ordnung, den haben wir inzwischen von einer anderen Seite kennengelernt, das ist auch einer, auf den man stolz sein kann."
„Da bin ich froh drüber", sagt der Gustav, „die Geschichte damals hat mir wirklich nicht gefallen."
Plascha guckt sich suchend um. Den August und den Rudi hat sie noch gar nicht gesehn. So viele Menschen! Ein riesiger Zug wälzt sich durch die Straßen zum Rathaus. Von den Fabriken sollen auch noch welche kommen.
Ein Stück hinter sich entdeckt Plascha den Kaspar mit einer roten Fahne, neben ihm geht der Charly.
Ja, gibt's denn das? Sie dreht sich noch einmal um. Der Charly geht mit ernstem Gesicht neben dem Kaspar her und hat eine rote Pappnase auf.
„Guck dir das an!" sagt Plascha zu Lisbeth.
Und dann warten sie, bis der Kaspar und der Charly mit ihnen auf einer Höhe sind.
„Was hast du dir denn wieder ausgedacht?" Plascha kann ihr Lachen nicht zurückhalten.
„Rot ist die Farbe der Revolution", sagt der Charly todernst.
Jetzt stutzt der Kaspar und guckt sich den Charly genauer an.
„Nein", stöhnt er, „bist du denn noch zu retten? Du machst uns ja lächerlich."

„Ach was", sagt der Charly, „ein bißchen Spaß muß schon sein auf so 'ner Demonstration."
Aber der Kaspar ist anderer Meinung. „Nimm das alberne Ding sofort ab", schimpft er, „du kannst uns doch nicht zum Gespött der Leute machen."
„Schade", sagt der Charly und steckt die Pappnase in seine Hosentasche.

Auf dem Marktplatz strömen sie alle zusammen, die Bergleute und die Arbeiter und Arbeiterinnen aus den Fabriken; an den vielen Frauen und Kindern sieht man, daß die meisten mit ihren Familien gekommen sind.
Manche Gruppen ziehen singend auf den Platz. „Wacht auf, Verdammte dieser Erde", singen sie begeistert.
So viele Menschen auf einmal hat Plascha noch nie gesehn. Dichtgedrängt stehen sie auf dem Marktplatz und auch noch in den angrenzenden Straßen.
Auf den Stufen zum Rathaus ist ein Lautsprecher aufgebaut.
Was der erste Sprecher sagt, kennt Plascha schon von den Litfaßsäulen, und das ist gut, denn der Mann ist aufgeregt und spricht sehr schnell. Dann geht der Wawciniak zur Rathaustreppe. Ob er auch Mühe hat, vor so vielen Menschen zu sprechen? überlegt Plascha. Er spricht langsam und deutlich. „Wie furchtbar der Krieg war, brauche ich euch nicht zu erzählen, ihr habt ihn am eigenen Leib gespürt", sagt er, „entweder an der Front oder hier zu Hause. Inzwischen hat der Kaiser abdanken müssen, und Waffenstillstandsverträge sind unterzeichnet worden. In Berlin regiert bis zu den nächsten Reichstagswahlen ein Rat der Volksbeauftragten, und im ganzen Land haben sich Arbeiter- und Soldatenräte gebildet, so wie bei uns. Damit wir unsere Rechte durchsetzen können, die Rechte der Mehrzahl des Volkes.
Der Krieg ist endlich zu Ende, aber das Elend in der Be-

völkerung wird immer größer. Was erwartet die Soldaten, die jetzt nach Hause kommen? Man hat sie vier Jahre lang betrogen, man hat uns alle vier Jahre lang betrogen, und man will uns noch weiter betrügen. Wer hat diesen Krieg denn angezettelt? Das war nicht der Kaiser allein. Hinter ihm standen die hohen Militärs und die Schlotbarone, die reichen Industriebesitzer. Und die sind alle noch im Land. Genau die haben den Krieg verlängert, als wir Arbeiter längst zu Tausenden gestreikt und ‚Nieder mit dem Krieg' geschrien haben. Vergeßt das nicht. Und jeden Tag sind weiter junge Menschen gefallen, die heute noch leben könnten. Wir müssen wachsam sein, daß der alte Militärstaat nie wieder errichtet wird! Wir wollen nicht länger für todbringende Rüstung arbeiten! Wir lassen uns nicht länger mit knurrendem Magen in die Gruben und in die Fabriken schicken, wir gucken nicht zu, wie unsere Kinder sterben, weil sie unterernährt sind und anfällig für Krankheiten. Wir kämpfen für Gerechtigkeit und Frieden!"

„Bravo", schreien die Menschen auf dem Platz, und „Frie-den, Frie-den, Frei-heit, Frei-heit", und die roten Fahnen flattern im Novemberwind.

„Der alte Kulla soll reden", rufen einige von den älteren Kumpels, „der alte Kulla hat uns durch so viele Arbeitskämpfe geführt."

Der alte Kulla weiß nicht so recht, aber er wird vor den Lautsprecher geschoben.

Er fährt sich mit der Hand über die Glatze und sagt dann so, wie er immer seine Geschichten erzählt: „Ich freu mich, daß ich auf meine alten Tage noch erlebe, wie wir kleinen Leute uns zusammentun, um für unsere Rechte zu kämpfen. Ich bin zu alt, um in den vordersten Reihen mitzumachen, aber ich wünsch euch Glück und Erfolg!"

Als Plascha im Bett liegt, sieht sie immer noch die vielen Menschen vor sich, die heute nachmittag auf dem Rathausplatz zusammengeströmt sind, und sie hat immer noch ihre Rufe im Ohr, besonders den einen:
Nie wieder Krieg!

Am anderen Tag sitzen zwei arbeitslose Frauen in der Küche und säumen Handtücher. Der Bauer Kolpe hat gesehn, wie Franja in der Demonstration ging und das Transparent getragen hat. Eine Rote will er in seinem Haus nicht haben, hat er geschrien und Franja rausgeschmissen, obwohl seine Frau dagegen war und geweint hat.
Franja ist wütend. In wenigen Wochen ist Weihnachten, und sie hat keine Arbeit mehr.
„Ich bereu trotzdem nicht, daß ich mitgegangen bin und das Transparent getragen hab", sagt sie, „warum soll ich nicht offen zeigen, was ich denke?"
„Wir kommen schon zurecht", tröstet der Bolesch.
„Ich hab gehört, daß sie nächste Woche noch Arbeiterinnen in der Drahtfabrik einstellen wollen", sagt die Lisa, „da gehn wir am Montag mal beide hin."
Abends klopft es, und die Köchin von Kolpes steht in der Küche. Sie hat einen Korb voll Lebensmittel dabei. „Die Frau Kolpe schickt mich", sagt sie zu Franja, „und sie hofft, daß sie dich wieder einstellen kann, wenn sich die Zeiten beruhigt haben."

16. Kapitel

von Plascha, die keine Heiligenbildchen mehr sammelt, und von Mama, die ganz viel Angst hat.

In den nächsten Wochen erlebt Plascha noch mehr Demonstrationen, und die Arbeiter streiken auf den Zechen und in den Fabriken, weil man ihnen viel verspricht und wenig hält.

„Den Volksbeauftragten in Berlin trau ich nicht übern Weg“, sagt der Kaspar, „die lassen sich schon wieder viel zu sehr mit denen vom Militär ein, das kann nicht gutgehn! Und dann die Schiebereien mit Lebensmitteln. Das muß doch mal aufhören! Auf dem schwarzen Markt verdienen die Schieber Vermögen, und wir hungern immer noch.“

„Du mußt mehr Geduld haben“, sagt der Wawciniak, „Demokratie lernt man eben nicht von heute auf morgen. Nimm doch bloß die Soldaten: Vier Jahre lang sind sie nichts als rumkommandiert worden, und jetzt sollen sie plötzlich selber denken und Verantwortung übernehmen.“

Der Kaspar nickt, aber Plascha sieht ihm an, daß er nicht zufrieden ist. „Die Volksbeauftragten in Berlin, das sind doch alles Sozis, oder nicht?“ fragt sie verwirrt.

„Ja, sicher“, sagt der Wawciniak, „aber die Sozialdemokraten sind in drei Gruppen zersplittert.“

„Im Rat in Berlin sind nur zwei Gruppen vertreten“, sagt der Kaspar, „und einige Vertreter wollen Arbeiter- und Soldatenräte nach den Reichstagswahlen im Januar wieder abschaffen. Die Gruppe, die das auf keinen Fall will, die Spartakisten um Liebknecht und Luxemburg, die sind doch abgeschmettert worden, eben weil sie eine echte Volksregierung wollen.“

Der Kaspar ist für die Spartakisten. Er glaubt, nur mit einer Räterepublik kann der Staat für alle gerecht sein, weil die Räte direkt von den Leuten gewählt werden. Der Wawciniak hat aber Angst, daß das nicht funktioniert, und das Wichtigste wäre überhaupt die Einigkeit der Arbeiter, sagt er immer. Das meint der alte Kulla auch, und darum liegen die Männer sich oft in den Haaren.
Plascha will die Politik verstehen. Sie hat nicht vergessen, was Lisa über die Frauen gesagt hat, die hin und her geschoben werden, weil sie nicht Bescheid wissen. Aber was ist richtig? Zu Hause kann Plascha kaum darüber reden, weil Mama nichts davon hören will. Sie sieht es nicht gerne, daß Franja, Bolesch und Lisa sich in letzter Zeit so viel um Politik kümmern. Plascha versteht das nicht, sie hat deshalb schon oft mit Mama gestritten.
Lisa und Franja haben Arbeit gefunden in der Drahtfabrik. Eine schöne Arbeit ist es nicht, sie müssen den ganzen Tag Draht auf dicke Rollen wickeln, und das auch noch besonders schnell. Aber sie sind froh, daß sie wieder Geld verdienen.

Und dann ist Weihnachten, die erste Friedensweihnacht nach dem Krieg.
Frau Kolpe schickt Franja noch mal heimlich was zu essen, und der Kaspar bringt am Heiligen Abend ein paar Tauben. „Die kann der Vater für die Zucht nicht gebrauchen“, sagt er, „aber sie geben eine gute Suppe ab.“
„Die eßt ihr gemeinsam mit uns, du und dein Vater, die Marie hat doch Dienst im Waisenhaus“, sagt Mama und zeigt dem Kaspar, was Frau Kolpe geschickt hat. Und der Kaspar erzählt, daß der Vikar diesmal die Christmette halten soll, weil der Pastor mit einer Grippe im Bett liegt. Der Kaspar ist schon richtig gespannt auf die Predigt.
Plascha ist auch gespannt. Der Vikar ist so ganz anders

als der Pastor, der die Weihnachtspredigt gehalten hat, seit Plascha denken kann.

Die Kirche ist diesmal noch voller als voriges Jahr, da waren die meisten Soldaten ja im Krieg.
Vom Frieden auf Erden spricht der Vikar. Er sagt Dinge, die Plascha schon kennt, und er sagt sie doch wieder anders. Man spürt, wie sehr er darüber nachgedacht hat, alle Leute scheinen das zu spüren. So still ist es sonst nie, wenn die Kirche voll ist wie heute. Dabei redet der Vikar so einfach wie der Wawciniak und nicht mal besonders laut. Er spricht von Irrtum und Unrecht und von den Narben auf der Seele. „Wir müssen wachsam sein, daß so was nie mehr geschieht", sagt er zum Schluß, „das schulden wir denen, die draußen geblieben sind, und ihren Kindern und den Frauen auch, den Frauen und Müttern und Bräuten."
Plascha ist stolz auf den Vikar, und es fällt ihr auf, daß er gar nicht von der Ewigkeit gesprochen hat, nur von dem, was hier auf Erden passiert.
„Der hält zu den Sozis", sagt der Graute ganz laut nach der Mette auf dem Kirchplatz, „der redet doch fast schon genauso wie die."

Dieses Jahr Weihnachten macht der Felix wieder Musik, aber es wird kein Gejaule, und er muß auch nicht weinen, denn er kriegt eine Mundharmonika, die geht nicht so schnell kaputt. Franja, Bolesch, Lisa und Lischa haben der Mama jeder ein paar Groschen für die Mundharmonika dazugegeben, und sogar Plascha, von dem Geld, das sie noch von Charlys Zirkusvorstellung im Frühling aufgehoben hatte.

Das Neue Jahr fängt nicht gut an. Es kommt in Berlin zu schrecklichen Kämpfen zwischen Spartakisten und Mili-

tärs, Plascha versteht nicht, wie die Militärs so grausam gegen die Arbeiter vorgehen können.
„Es heißt doch Arbeiter- und Soldatenräte", fragt sie, „es haben doch so viele Arbeiter bei der Revolution mitgemacht. Warum kämpfen denn jetzt in Berlin Soldaten gegen die Arbeiter?"
„Es sind viele zurückgekommen, die keine Arbeit finden", sagt der alte Kulla, „sie sind unzufrieden und enttäuscht. Manche haben auch nie was gelernt, sind viel zu jung in den Krieg gezogen. Beim Militär kriegen sie Sold und genügend zu essen. So kommt es, daß viele auf der falschen Seite stehen."
„Und hier bei uns sieht es auch nicht rosig aus." Der Wawciniak ist beunruhigt. „Es hat sich ein Bürgerausschuß gegründet, da sitzen die Fabrikanten drin und Bauern und Beamte, die wollen den Rat abschaffen und die Arbeiterwehr. Es heißt, sie bewaffnen sich."
„Und warum gehen wir nicht gegen sie vor?" fragt der Kaspar.
„Weißt du, was das bedeutet?" fragt der Wawciniak zurück.
Natürlich weiß der Kaspar das, deshalb sagt er nichts mehr, und Plascha weiß es auch: Das bedeutet Bürgerkrieg.
„In Münster und Dorsten soll es böse Zusammenstöße gegeben haben", sagt der alte Kulla traurig, „und dabei hat im November alles so gut angefangen, da gab es kaum Schwierigkeiten."
Der Kaspar hofft noch immer auf die Reichstagswahl. Zum erstenmal können alle gleichberechtigt wählen, auch die Arbeiter und die Frauen. Franja freut sich, daß sie schon zwanzig ist und zur Wahl gehen darf.

Die Wahlen sind vorbei. Ständig laufen Bürgerwehrleute mit ihren Gewehren durch die Arbeiterviertel. „Wir müssen die Radikalinskis in Schach halten", soll der Graute gesagt haben. Der Graute ist Mitglied der Bürgerwehr. Radikalinskis. So wurden auch die Spartakusleute in Berlin genannt. Plascha denkt an Karl Liebknecht und Rosa Luxemburg. Sie sind tot. Noch vor der Wahl hat man sie in Berlin ermordet.

Immer wieder hat Plascha in der Zeitung das Foto von Rosa Luxemburg angestarrt, eine kleine, schmale Frau wie Mama, mit Worten hat sie gekämpft, wie der Vikar es gefordert hat. Und dann haben Freikorpssoldaten die Wehrlose niedergeschlagen, Soldaten, die auf der falschen Seite stehen. Sie haben sie niedergeschlagen und in ein Auto gezerrt und totgeschossen. Und dann haben sie sie ins Wasser geworfen, in einen Kanal in Berlin.

Plascha hat das Zeitungsfoto ausgeschnitten und in die Blechbüchse getan zu ihren Heiligenbildchen. Aber sie haben nicht so recht zusammengepaßt, die bunten Heiligen mit ihrem Heiligenschein und die kleine Frau auf dem Zeitungsfoto mit der großen Nase, und Plascha hat die Heiligenbildchen rausgenommen aus der Büchse und hat sie dem Felix geschenkt.

Wenn sie die bunten Bilder ansieht, fällt es ihr schwer, sich vorzustellen, was für Menschen die Heiligen gewesen sind. Vielleicht liegt es nur an den Bildern. Man hätte sie nicht so malen sollen, denkt Plascha.

Sie will jetzt nicht mehr schön werden und fromm. Sie stellt sich viel lieber vor, sie wäre eine Arbeiterführerin wie die Rosa Luxemburg, und sie würde es schaffen, die Rechte der Arbeiter durchzusetzen ohne Blutvergießen. Aber sie braucht sich bloß die Bürgerwehrleute anzugukken und die Freikorpssoldaten, die Freiwilligenverbände, die nach der Wahl einmarschiert sind, dann weiß sie, das ist ein schöner Traum und sonst nichts.

„Das ganze Ruhrgebiet war schon gleich nach den Wahlen von Freikorps umzingelt", sagt der Wawciniak, „sie

sollen die Räte auflösen. Und das Schlimmste ist, daß nicht nur die Bürgerlichen nach Militär gerufen haben, es soll sogar welche geben, die sich Sozis nennen, die haben davon gewußt und stillschweigend zugeguckt."
„Aus Angst davor, daß ihre Partei zu radikal werden könnte", sagt der Kaspar. „Und die neue Reichsregierung macht feste mit, obwohl Sozialdemokraten in der Mehrheit sind." Der Kaspar sieht genauso verbittert aus wie damals, als er von der Front zurückgekommen ist. „Die Revolution ist so gut wie verloren", sagt er, „die Bürgerwehr und die Freikorpssoldaten sind in der Übermacht. Und wir haben unsere Waffen abgegeben, um unnötiges Blutvergießen zu vermeiden."
„In Essen haben die Bergarbeiter und die Leute vom Soldatenrat Zechengebäude besetzt", sagt die Lisa, „sie wollen die Zechenarbeit selbst organisieren, erzählt man sich in der Drahtfabrik."
„Das lassen die Zechenherren sich bestimmt nicht gefallen", meint der alte Kulla, „da wird Militär anrücken, verlaßt euch drauf."
„Einen vom Arbeiter- und Soldatenrat Dorsten, der mit einer weißen Fahne zu den Freikorpssoldaten gezogen ist um zu verhandeln, haben sie brutal niedergeschlagen und erschossen", sagt Franja leise, „und es soll noch mehr Tote gegeben haben. Wir gehen heute auf die Straße, um zu zeigen, wie empört wir sind. Die Regierung muß die Truppen abziehen."

Diese Demonstration ist so anders als die erste im November. Die war ja fast wie ein Fest gewesen. Jetzt gehen weniger Leute mit, viele haben sich einschüchtern lassen wie Mama. Trotzdem ist es ein langer Zug, der durch die Straßen zieht. In den Gesichtern der Demonstranten ist Wut und Trauer. Überall stehen Soldaten vom Freikorps und Angehörige der Bürgerwehr.

„Haut ab", schreien die Demonstranten, „laßt uns in Frieden!"
Manche Soldaten gucken voll Haß, viele auch nur verlegen.
Vielleicht schämen sie sich, denkt Plascha, sie gehören doch eigentlich zu uns. Und dann hört sie einen Knall, und ein Mann schreit so fürchterlich, wie sie noch nie jemand schreien hören hat.
„Das war eine Handgranate", sagt erschrocken der Ötte, der neben Plascha geht, „die werfen Handgranaten auf Demonstranten."
Jetzt sieht Plascha den Mann auf dem Pflaster liegen, er hat aufgehört zu schreien. Blut läuft aus seinem Hals und an seiner Jacke runter, ganz viel Blut.
Der stirbt, denkt Plascha verzweifelt.
Demonstranten wollen dem Mann helfen, aber er ist zu schwer verletzt.
Franja packt Plascha am Arm. „Komm hier weg, es ist zu gefährlich", sagt sie.
„Nicht schießen, keine Handgranaten werfen, seid ihr denn verrückt", ruft einer der Soldaten. Auch er starrt auf den Mann, der am Boden liegt und stirbt.
Plascha versucht, Franja nicht zu verlieren in dem wilden Durcheinander, das jetzt entsteht, die Leute im Demonstrationszug geraten in Panik und die Soldaten auch. Schüsse fallen. Franja zieht Plascha in einen Hauseingang. Sie starren auf die Straße, Plascha sieht, wie Menschen umgerannt und niedergetrampelt werden. Hört auf, ihr trampelt sie tot, will sie schreien, aber sie kriegt kein Wort heraus.
Als die Schießerei vorbei ist, kümmern sich Sanitäter um die Verwundeten. Plascha und Franja helfen mit. Da kommt der Karl Wawciniak zu ihnen gelaufen und sagt: „Der Bolesch ist verletzt, mein Vater und der Kaspar bringen ihn zu euch nach Hause."

Der Bolesch blutet aus zwei Wunden im Gesicht und kann nicht laufen. „Ich glaub, das eine Bein ist gebrochen", sagt er, „ich kann nicht drauf stehn."
Mama erschrickt, als sie den Bolesch sieht. Sie hat von der Demonstration nichts gewußt.
„Halb so schlimm", sagt der Bolesch, „mir ist ja nicht viel passiert."
Bei Mama in der Küche sitzt der Charly. Er ist eben erst gekommen.
„Ihr müßt weg", sagt er, „der Wawciniak und der Kaspar und auch der Bolesch, der hat zu viel mit dem Rat und der Arbeiterwehr zusammengearbeitet. Ich hab unterwegs erfahren, wie sie jetzt gegen die Arbeiter vorgehen, die an der Novemberrevolution beteiligt gewesen sind. Die Freikorps müssen schwarze Listen zugespielt bekommen haben von den Bürgerwehrleuten, sie holen die ab, die draufstehen, und sperren sie alle ein."
Das darf es doch nicht geben, denkt Plascha, das ist zu gemein.
„Ihr müßt so schnell wie möglich von hier verschwinden", sagt der Charly, „wenigstens für eine Zeit."
„Ich geh nicht weg", sagt der Wawciniak und muß husten, „hört ihr, ich pfeif schon aus dem letzten Loch, was sollen die mir denn tun?"
„Du bist im Rat, sie werden dich sicher suchen", sagt der Charly besorgt. Der Wawciniak schüttelt nur stumm den Kopf, er muß immer wieder husten.
„Und wo sollen wir hin?" fragt der Kaspar grimmig.
„Ich bin mit einem vom Zirkus verabredet, der fährt heute Nacht mit 'nem Lastwagen nach Holland und nimmt uns mit. Falsche Papiere hab ich genug, wir müssen unser Aussehen nur ein bißchen verändern."
Der Bolesch stöhnt.
„Der kann doch so nicht nach Holland", sagt Franja, „der braucht erst mal einen Arzt."

„Ich kann ihn im Waisenhaus verstecken", sagt die Marie, die mit auf der Demonstration gewesen ist, „und der Arzt, der die Kinder untersucht, kann den Bolesch auch behandeln. Das ist einer, der hält zu uns."
„Versuch, die anderen vom Rat zu warnen", sagt der Wawciniak zum Ötte, „ich geh rüber und leg mich hin." Erschöpft und alt sieht er aus.
„Hoffentlich wird das keine Lungenentzündung", sagt die Lene. „Er hat sich mal wieder was weggeholt auf der Zeche. Zwar haben sie die Arbeitszeit verkürzt, aber die Kumpels müssen pro Schicht genauso viel Kohle machen wie vorher, das ist eine Schinderei. Unterernährt sind sie, und sie schwitzen sich halbtot, und wenn's am Füllort oder im Förderkorb zieht, holen sie sich schnell 'ne Erkältung."
„Der müßte auch zu unserm Doktor", sagt die Marie, „sein Husten hört sich nicht wie 'ne harmlose Erkältung an."
Inzwischen hat der Charly dem Kaspar seinen dunklen Schnurrbart abrasiert und ihm dafür einen blonden angeklebt. „Auf Spartakisten sollen sie die größte Wut haben", sagt er und schmiert dem Kaspar ein Zeug in die Haare, damit sie hellblond werden, und setzt ihm eine Brille auf.
Plascha erkennt den Kaspar nicht mehr wieder, und der Charly ist auch im Handumdrehn total verändert, aber von dem ist sie das ja gewohnt.
Karl und Fine Wawciniak haben draußen Schmiere gestanden. Sie kommen jetzt rein. „Da hinten an der Ecke hält ein Lastwagen aus Holland, ist der wohl für dich?" fragt die Fine den Charly.
„Ja", sagt der Charly, „der kann ruhig bis hier vors Haus kommen, aus der Kolonie verrät uns bestimmt keiner. Wir fahren dann erst mit Bolesch und Marie am Waisenhaus vorbei."

Vorsichtig laden sie den Bolesch auf den Lastwagen, Kaspar und Charly steigen mit auf. Der Kaspar muß grinsen, als er sieht, wie sein Vater und seine Schwester ihn noch immer anstarren, weil er so anders aussieht als sonst.
„Ich meld mich bald", sagt er, „und wundert euch nicht, wenn ich unterschreib wie früher als Kind, Kaspar von hinten buchstabiert."
Die Marie setzt sich neben den Fahrer.
Mama steht in der Haustür und weint, und Franja starrt vor sich hin, ohne ein Wort zu sagen.

Am anderen Tag will Plascha mit Lisbeth zum alten Kulla. Unterwegs treffen sie den August.
„Sind die Freikorpssoldaten schon beim Wawciniak gewesen?" fragt er. „Auf der Zeche haben sie erzählt, daß zwei Mitglieder vom Rat verhaftet worden sind."
„O Gott", sagt Plascha, „der Wawciniak liegt im Bett und hat wahrscheinlich eine Lungenentzündung."
Sie rennt nach Hause. Unterwegs stößt sie fast mit dem Vikar zusammen.
„Die Freikorpssoldaten verhaften die Leute vom Arbeiter- und Soldatenrat", sagt sie, „und der Wawciniak liegt krank zu Hause im Bett."
„Ich hab von den Verhaftungen gehört", sagt der Vikar und rennt neben Plascha her, „deshalb will ich ja auch zum Wawciniak."
Nur die Lene sitzt bei ihm in der Schlafkammer, er liegt im Bett und hustet, und das Husten scheint ihm ziemlich weh zu tun.
„Du mußt dich verstecken", sagt Plascha, „die Freikorpssoldaten sind hinter dir her."
Der Wawciniak will aus dem Bett.
„Das hat keinen Sinn", sagt der Vikar, „du holst dir den Tod, wenn du jetzt aufstehst."

„Ich will mich ja gar nicht verstecken“, sagt der Wawciniak, „bin heute viel zu wacklig auf den Beinen, um abzuhauen. Aber die Papiere müssen weg.“
Die Lene rennt zum Ofen und guckt, ob das Feuer genügend brennt.
„Verbrennen ist zu gefährlich“, sagt der Wawciniak, „vielleicht sind sie schon hierher unterwegs.“
„Der Kohlenkasten“, sagt Plascha und nimmt die Schüppe und schaufelt die Kohlen beiseite, und die Lene bringt einen Packen beschriebener Blätter und legt sie unten in den Kohlenkasten, ihre Hände zittern dabei, und Plascha verteilt die Kohlen drüber und schüttet noch welche dazu aus dem Eimer, der neben dem Ofen steht.
„Leg dich hin“, sagt der Vikar zum Wawciniak, der auf dem Bettrand sitzt, „die können jeden Augenblick hier sein.“
„Ich zieh mich an“, sagt der Wawciniak müde, „die kommen ja doch, um mich mitzunehmen.“
„Quatsch“, drängt der Vikar und holt Weihwasser und Öl und Salz aus seinen Jackentaschen und hängt sich eine Stola um den Hals.
„So weit ist's noch nicht, daß ich die letzte Ölung brauch“, sagt der Wawciniak.
„Kann aber sein, wenn sie dich in die Finger kriegen, nun leg dich endlich hin“, schimpft der Vikar und holt sich einen Stuhl aus der Küche.
Da hören sie auch schon Stimmen im Flur.
Die Lene wird blaß.
Der Vikar murmelt Sterbegebete. „Halt bloß die Klappe, Wawciniak“, flüstert er. „Mach die Augen zu und huste von mir aus, soviel du willst, aber sonst laß mich machen, egal, was kommt.“
„Wo wohnt der Wawciniak?“ schreit einer draußen im Flur.
„Weiß ich nicht!“ Das ist Willis trotzige Stimme.

„Unverschämtes Gör", schreit der Soldat und steht auch schon in der Küche.
„Wo ist der Wawciniak?" brüllt er wieder. Er scheint der Hauptmann zu sein.
„Der Wawciniak liegt krank im Bett", sagt Plascha, denn die Lene kriegt kein Wort heraus, „der ist schwer lungenkrank, ich hab den Priester holen müssen."
Der Hauptmann geht in die Schlafstube, er hat noch vier Soldaten dabei, die drängen sich hinter ihn.
Der Vikar guckt die Soldaten vorwurfsvoll an, ohne seine Gebete zu unterbrechen.
„Der soll aufstehn", befiehlt der Soldat.
„Kann er nicht", sagt der Vikar, „habt ihr nicht einmal Ehrfurcht vor Sterbenskranken, auch wenn sie politisch anders denken als ihr?"
Jetzt sind die Soldaten verwirrt.
Der Wawciniak muß husten.
Der Hauptmann geht einen Schritt zurück. „Ist das ansteckend?" fragt er mißtrauisch.
„Bestimmt", sagt Plascha schnell, „hört doch bloß, wie er hustet."
Die sind nicht aus dem Kohlenpott, denkt sie, die wissen von Steinstaub nichts, und wenn er wirklich Lungenentzündung hat, das könnte ja ansteckend sein, davor scheint der Hauptmann Angst zu haben. Vielleicht läßt er den Wawciniak in Ruh.
Der Vikar hilft ein bißchen nach. „Ich spende einem Schwerkranken das letzte Sakrament", sagt er streng, „können Sie uns bitte in Frieden lassen?"
„Wir gehn ja schon", knurrt der Hauptmann, „aber zuerst müssen wir noch nach Papieren gucken, kann ja sein, daß er welche versteckt hat."
Und sie reißen die Matratzen und Strohsäcke auseinander und kehren im Schrank das Unterste zuoberst, aber sie finden in der Schlafstube nichts. Dann suchen sie

auch in der Küche, sie suchen gründlich und überall, im Küchenschrank und in sämtlichen Schubladen, unter der Bank und in Lenes Flickkorb, einer guckt in den Ofen und einer zieht den Kohlenkasten vor.
Heilige Maria, laß ihn aufhören, betet Plascha und hat ihre kohlschwarzen Hände ganz tief in den Schürzentaschen stecken.
Der Soldat stößt mit der Schuhspitze gegen die obersten Kohlen, ein paar rollen auf den Boden.
Er sieht zu seinem Hauptmann rüber. „Soll ich weitermachen?" fragt er.
Der Hauptmann zögert. „Ach was", sagt er schließlich, „wir wühlen hier schon genug im Dreck."
Plascha starrt auf den Boden, damit die Soldaten ihr Gesicht nicht sehen können, sonst würden sie vielleicht doch im Kohlenkasten suchen.
„War wohl nichts", sagt der Hauptmann enttäuscht, „und ich hab mich schon auf einen ganz großen Fang gefreut." Er gibt seinen Soldaten einen Wink und sie ziehen ab.
Die Lene drückt Plascha an sich, ohne ein Wort zu sagen, dann gehen sie beide in die Schlafstube.
Der Wawciniak muß immer noch husten, aber jetzt hat er die Augen auf. „Danke", sagt er und guckt vom Vikar zu Plascha und wieder zum Vikar. „Danke für alles!"
Plascha will zu Mama und ihr sagen, daß der Wawciniak Glück gehabt hat.
Da hört sie über sich im Flur die Soldaten. „Hier oben wohnt auch noch einer", sagt der Hauptmann, „aber das ist bloß 'n ganz kleiner Fisch."
Der Strelcyk, denkt Plascha unglücklich, den haben sie also auch auf ihrer Liste, dabei hat er doch bloß Plakate getragen; aber der Strelcyk ist gottseidank nicht da. Er arbeitet seit ein paar Tagen in der Holzfabrik, der Vikar hat ihm die Stelle besorgt.

Am Abend erfährt Plascha, daß sie den Strelcyk von der Arbeit abgeholt haben.

Plascha ist wütend und traurig.
Die Freikorpssoldaten sind überall, an jeder Ecke stehen sie mit Maschinengewehren und Handgranaten, und die Bürgerwehrleute arbeiten mit ihnen zusammen auf der Jagd nach den Radikalinskis, den Novemberverbrechern. So nennen sie die Arbeiter, die in den vergangenen Wochen mitgemacht haben in den Arbeiter- und Soldatenräten, bei der Arbeiterwehr, bei Streiks und Demonstrationen.
Wer sind denn die Radikalinskis? fragt sich Plascha, wenn sie die schwerbewaffneten Freikorpssoldaten sieht. Das müßte doch jeder merken.
Was hat der Kaspar im November gesagt? Uns Arbeitern liegt nichts am Blutvergießen. Es steht uns bis obenhin. Wir wollen endlich in Frieden leben. Und jetzt? Überall in Deutschland werden Arbeiter verfolgt, mißhandelt und ermordet.

„Wenn ich bloß zum Bolesch könnte“, sagt Franja unglücklich, „gar nichts erfahr ich von ihm. Hoffentlich kann die Marie ihn versorgen und kriegt keine Schwierigkeiten deswegen. Ich würde ihm so gerne was zu essen bringen und Nachricht von den Kameraden. Der Gustav Barken ist jetzt Vertrauensmann, seit die Leute vom Arbeiterrat verhaftet sind, er hat mir Papiere für den Bolesch gegeben. Aber ich werd das Gefühl nicht los, daß die von der Bürgerwehr mich beobachten, und in Gefahr bringen darf ich den Bolesch und die Marie auf keinen Fall.“
„Und wenn ich gehe?“ fragt Plascha. „Und wenn der Felix noch mitkommt? Auf Kinder achten die von der Bürgerwehr doch bestimmt nicht.“

„Dann gehn wir am besten jetzt gleich", sagt der Felix, man sieht ihm an, daß er sich auf den Bolesch freut.
„Und Mama?" fragt Franja, „Mama ist halb verrückt vor Angst, seit die Männer sich verstecken müssen."
„Mama ist bei Lisa und kommt erst spätabends zurück, sie nähen an deinem Brautkleid."
Das Essen packt Plascha in ihren Schultornister, die Papiere näht Franja ihr sorgsam in das Futter vom Rock.
Gemeinsam gehen sie bis zum Ende der Sedanstraße.
„Viel Glück", sagt Franja, „und gebt dem Bolesch einen Kuß von mir."
Plascha und Felix müssen quer durch die Stadt. Als sie in die Blücherstraße kommen, laufen ihnen der August und der Rudi beinah in die Arme.
„Wir müssen zum Pütt und meinen Vater warnen", sagt der August aufgeregt, „vorhin waren Freikorpssoldaten bei uns und haben das ganze Haus durchsucht, könnt euch ja denken, was das heißt. Der muß untertauchen."
Und schon rennen die beiden weiter zur Zeche.
„Hoffentlich finden sie den Gustav, bevor die Freikorpssoldaten zur Zeche gehn", sagt der Felix.
„Die Kumpels halten zusammen wie Pech und Schwefel", sagt Plascha, „die schaffen das schon irgendwie. Notfalls verstecken sie ihn unten in der Grube."
Aber sie denkt voll Zorn: Schon wieder einer, der sich verstecken muß, unsere Leute werden behandelt wie die Verbrecher. Sie nimmt den Felix fester an die Hand.
„Wenn uns jemand fragt, wohin wir gehen, dann sagen wir, zur Tante, die hat ein Kind gekriegt und braucht was zu essen."
„Wir haben ja gar keine Tante", sagt der Felix.
„Doch, in Polen." Plascha wird ärgerlich. „Das ist völlig egal, kapier doch, wir dürfen auf keinen Fall sagen, daß die Marie den Bolesch im Waisenhaus versteckt."

„Ich bin doch nicht blöd", sagt der Felix, „brauchst mir nicht wieder was von Notlügen zu erzählen."
Sie kommen an dem Haus vorbei, in dem der Kalla wohnt. Er sitzt vor der Einfahrt zum Hof und versucht, sich seinen Schuh zuzubinden.
„Da, da", sagt er fröhlich, als der Felix sich runterbeugt, um ihm zu helfen.
„Heute hab ich keine Zeit, aber morgen komm ich", sagt der Felix, „wir müssen...", er guckt zu Plascha hoch, „wir müssen unsrer Tante was zu essen bringen, die hat ein Kind gekriegt."
„Da, da", sagt der Kalla mit seinem breiten Grinsen.
Wenn er bloß mal was anderes sagen könnte, denkt Plascha, er sieht doch aus wie ein erwachsener Mann; sie würde gerne wissen, was in seinem großen Kopf vor sich geht.
„Da, da", sagt der Kalla schon wieder, aber diesmal klingt es aufgeregt, und als Plascha sich umguckt, sieht sie einen Trupp Bürgerwehrleute in die Straße einbiegen.
Ist nicht der Graute dabei?
Schnell zieht sie den Felix in den Hofeingang. Da ist eine Tür, die müßte in den Keller gehen. Plascha will mit Felix darin verschwinden. Aber der Kalla packt sie mit seiner großen Hand und schiebt sie ein paar Schritte weiter. Neben den Ställen ist noch irgendwas, ein kleiner Verschlag, Plascha hat die niedrige Tür nicht gesehn, weil allerhand dagegenlehnt, Besen und Kohlenschaufeln. Der Kalla schmeißt die Sachen um, macht das Türchen auf und schubst Plascha und Felix in den Verschlag. Sie müssen sich bücken, so niedrig ist er, und es stinkt fürchterlich nach Mist.
Warum verstecken wir uns denn überhaupt, denkt Plascha, vielleicht wären die Bürgerwehrleute einfach an uns vorbeigegangen. Sie ärgert sich über sich selbst. Sie hat

doch vorhin noch zu Franja gesagt, daß die sich bestimmt nicht um Kinder kümmern. Warum ist sie denn bloß so erschrocken?
Der Felix läßt ihre Hand nicht los.
Der Kalla scheint Schaufeln und Besen wieder vor den Verschlag zu räumen, es hört sich so an, dann schlurft er davon und brabbelt sein „da, da" vor sich hin.
Auf einmal sind Schritte und Stimmen im Hof zu hören. Jemand ruft: „He, du Tölpel, hast du nicht gesehn, wo die Pollacken hin sind, die vorhin hier vorm Hofeingang gestanden haben? Das sind welche von den Rotzblagen, die Flugblätter verteilen für die Roten, verstehst du? Vielleicht hat das Mädchen schon wieder solche Hetzblätter in ihrem Schultornister gehabt."
Das ist einer von Kolpes Söhnen, Plascha erkennt die Stimme sofort. Der gehört also auch zur Bürgerwehr.
„Ach, laß doch", sagt jemand, „wir müssen die Alten unschädlich machen, die Kinder, das bringt doch nichts, willst du die vielleicht ins Gefängnis sperren?"
„Hast du eine Ahnung", sagt jetzt der Graute, „die sind alle schon durch und durch verdorben, von klein an. Und dann dieses polnische Gesocks, davon haben wir ja genug in unserer Schule. Die Eltern, das soll man nicht glauben, von denen sind jetzt ziemlich viele bei den Roten, und die schämen sich nicht, trotzdem weiter in die Kirche zu gehn. Vielleicht kommen wir über die Kinder besser an die Alten ran."
„Vielleicht haben sie sich im Keller versteckt, hier ist die Tür." Die Stimme klingt ungeduldig. „Kommt, aus dem Trottel da kriegen wir doch nichts raus!"
„Das woll'n wir doch mal sehn", schimpft der Graute, „na, sag schon, du, wo sind sie hin, sonst sind wir nicht mehr freundlich mit dir. Soll ich dich mal schütteln, vielleicht fällt's dir dann ein."
Der Felix stöhnt. Er will zur Tür. Plascha hält ihn fest

und drückt sich mit ihm an die Wand hinter den Mist, so gut es eben geht. Ihr Herz klopft bis zum Hals. Der Felix fängt leise an zu weinen. Sie hält ihm die Hand vor den Mund. Dann nimmt sie ihn in die Arme und drückt ihn fest an sich.

„Wird's bald?“ schreit draußen der Graute wütend.

„Da, da“, stammelt der Kalla in Not.

„Hab ich's doch gesagt“, meint der Ungeduldige wieder, „seht ihr, er zeigt auf die Kellertür, der Idiot.“

Es wird still im Hof. Sie sind wohl alle im Keller.

„Nicht weinen, Felix“, flüstert Plascha.

„Und wenn sie dem Kalla was tun?“ fragt der Felix verzweifelt.

Sie horchen nach draußen. Nichts ist zu hören. Kein Laut vom Kalla.

Dann kommen die Männer zurück.

„Die sind durch das offene Kellerfenster, sag ich euch doch, diese Arbeiterrotzlümmel sind gerissen“, meint der Sohn von Kolpes. „Oder vielleicht sind sie im Stall?“

Plascha zuckt zusammen. Wenn sie sich bloß nicht versteckt hätten! Sie kriecht mit dem Felix fast in den Mist hinein. In ihrem Schulranzen sind doch gar keine Flugblätter, da ist ja bloß Essen drin. Wenn die Bürgerwehrleute sie jetzt finden, werden sie erst recht mißtrauisch sein. Und wenn einer die Tante sehen will, die's gar nicht gibt? Oder wenn ...?

Plascha fühlt die Papiere in ihrem Rockfutter.

„Die darf niemand finden“, hat Franja gesagt, „der Bolesch soll sie am besten verbrennen, wenn er sie gelesen hat, das sind wichtige Nachrichten, die dürfen nicht in die falschen Hände kommen, das kann manche von uns Kopf und Kragen kosten.“

Die Tür zum Hippenstall nebenan wird aufgerissen.

Plascha und Felix halten die Luft an und rühren sich nicht.

„Ach, kommt doch endlich", ruft der Ungeduldige wieder, „hier vertrödeln wir bloß unsre Zeit. Die sind doch längst über alle Berge!"
Die Schritte entfernen sich. Plascha läßt den Felix los.
Sie hören, wie der Kalla kommt und draußen die Sachen wegräumt. Er macht die Tür zum Verschlag auf und kriecht zu ihnen rein.
„Da, da", sagt er glücklich, und der Felix fällt ihm um den Hals.
Sie warten noch eine Weile, ehe sie sich in den Hof trauen. Plascha möchte dem Kalla was schenken. Sie nimmt das Medaillon mit dem heiligen Christophorus ab, das sie von Frau Kolpe zur Kommunion bekommen hat und hält es dem Kalla hin. „Hier", sagt sie, „und vielen Dank, daß du uns so geholfen hast."
Der Kalla schüttelt seinen großen Kopf.
Da stellt Plascha sich auf Zehenspitzen und legt ihm das Medaillon um den Hals. „Das ist für dich", sagt sie, „du mußt es behalten."
Der Kalla steht da und strahlt übers ganze Gesicht.
Und als Plascha und Felix um die Hofecke biegen, drehn sie sich um und winken beide dem Kalla, und der Kalla winkt ihnen zurück.

„Sollen wir lieber nach Hause gehn?" fragt Plascha den Felix. „Die Franja ist uns bestimmt nicht böse, wenn sie hört, was passiert ist."
Aber der Felix schüttelt den Kopf. „Die Bürgerwehrleute sind ja weg", sagt er, „versprochen ist versprochen, und ich will den Bolesch so gerne sehn."
Er kommt im Herbst erst in die Schule und ist schon so tapfer, denkt Plascha. Und sie gehen, so schnell sie können. Sie kommen zweimal an Freikorpssoldaten vorbei, aber um Kinder kümmern die sich nicht.
Plascha atmet auf, als sie endlich den roten Backsteinbau

sehen. Über dem Eingangstor steht in großen schwarzen Buchstaben „Waisenhaus“.
Die Marie führt sie durchs Haus, und als sie ganz sicher ist, daß niemand sie beobachtet, steigen sie auf den Dachboden.
In einer winzigen Dachkammer ist der Bolesch versteckt. Sein Bein ist in Gips, und die Wunden im Gesicht sind verpflastert. Er repariert Spielzeug für die Waisenkinder, und Plascha weiß nicht, wer sich mehr freut, als sie reinkommen, der Bolesch oder der Felix.
Und dann erzählen sie schnell und alles durcheinander, Plascha und Felix, daß die Franja so gerne kommen möchte und nicht kann wegen der Bürgerwehr, und wie der Kalla sie vorhin versteckt hat, und vom Gustav Barken und vom Vikar und vom Wawciniak erzählen sie auch, der Bolesch und die Marie wollen alles ganz genau wissen.
Plascha packt das Essen aus ihrem Tornister und holt die Papiere aus ihrem Rock. „Du sollst sie verbrennen“, sagt sie, „wenn du sie gelesen hast.“ Und der Felix gibt dem Bolesch einen dicken Kuß. „Der ist von Franja“, sagt er, und der Bolesch gibt dem Felix auch einen Kuß und sagt: „Gib ihr den von mir zurück und sag ihr, es geht mir schon wieder gut, sie braucht keine Angst zu haben.“
Dann liest er sorgfältig die Papiere und zerreißt sie anschließend in kleine Schnipsel.
„Ich hab Streichhölzer“, sagt die Marie und verbrennt die Schnipsel in dem Öfchen, das in der Ecke steht.
„Wollt ihr nicht mit mir essen?“ fragt der Bolesch.
„Nein“, sagt Plascha, „wir haben keinen Hunger, und wir müssen so schnell wie möglich nach Hause zurück.“
Natürlich hat sie Hunger, sie hat immer Hunger und der Felix sicher auch, aber sie wollen dem Bolesch nichts wegessen von dem, was die Franja für ihn mitgegeben hat.

„Könnt ihr dem Vater einen Gruß von mir bestellen?" fragt die Marie, „ich komm ihn besuchen, sobald ich frei kriegen kann."
„Ja sicher", verspricht Plascha, und dann macht sie sich mit dem Felix auf den Heimweg.

Mama ist noch nicht da. „Laß mich zum alten Kulla, ich muß ihm Grüße von der Marie ausrichten", sagt Plascha, nachdem der Felix fast alles von dem Besuch beim Bolesch erzählt hat und von seinem Freund Kalla, der viel gescheiter ist, als die Leute sich denken können.
Natürlich muß Plascha die Grüße nicht gleich bestellen, aber sie würde so gerne mit dem alten Kulla über alles reden, was heute und in den letzten Tagen passiert ist. Franja ist gerade so froh, daß es dem Bolesch wieder gut geht, der will sie nicht mit ihren Sorgen kommen.
Franja läßt sie gehn.
Und dann sitzt Plascha beim alten Kulla auf dem Sofa und redet sich alles von der Seele und weint sich aus.
Der alte Kulla hört geduldig zu.
Als Plascha sich beruhigt hat, streicht er ihr über den Kopf und sagt: „Ich bin auch traurig, und ich hab mich schon lange nicht mehr so hilflos gefühlt. Aber wir dürfen den Kopf nicht hängen lassen, wenn wir was erreichen wollen. Aus jeder Niederlage können neue Kräfte wachsen, wart's nur ab."
Plascha kann sich nicht vorstellen, wo die Kräfte herkommen sollen, sie fühlt sich so müde.

17. Kapitel

von verlorenen Träumen und von Lisa, die nach Polen zurück will.

Draußen riecht man den Frühling, aber Plascha ist nicht nach Tanzen zumute wie im vorigen Jahr, als die ersten Huflattiche an den Straßenrändern blühten. Sie kommt nicht darüber hinweg, daß alles vergebens gewesen sein soll, der November und die vergangenen Wochen, die Anstrengungen, die Angst – und die Toten.

Vielleicht hat der alte Kulla recht, wenn er sagt, daß sie und ihre Freunde gut weggekommen sind.

Der Bolesch humpelt noch, aber sein Bein heilt, er wird bald wieder ganz normal laufen können, und sein Steiger hat versprochen, ihn auf der Zeche einzustellen, sobald er arbeiten kann.

Franja und Bolesch haben vorige Woche geheiratet, der Vikar hat sie getraut. Ein richtiges Fest hat es nicht gegeben, weil der Bolesch mit seinem Humpelbein nicht tanzen kann, das hat die Franja wenigstens gesagt, aber Plascha weiß, das ist nicht der wirkliche Grund, sie sind einfach alle nicht in der Stimmung, um zu feiern.

Die Regierung hat den Belagerungszustand über das Ruhrgebiet verhängt. Das Wort hat Plascha vorher noch nie gehört. „Es bedeutet, daß Gesetze gelten, wie wenn Krieg ist", erklärt der Bolesch. Und es ist ja auch fast wie Krieg. Der Gustav sagt, so brutal wären die Soldaten an der Front nicht gegen ihre Feinde vorgegangen wie die Freikorpssoldaten jetzt gegen die Arbeiter.

Den Gustav haben die Kumpels wirklich eine Zeitlang versteckt, jetzt wohnt er wieder zu Hause, die Soldaten haben nicht noch einmal nach ihm gesucht. Der Wawciniak hat seine Lungenentzündung auskuriert und geht demnächst in Rente, die Zechenärzte haben ihm hundert Prozent Steinstaub bescheinigt. Der Strelcyk ist nach zwei Wochen aus dem Gefängnis entlassen worden. Zwar haben ihm Flöhe und Wanzen zugesetzt, sagt er, aber seine Bewacher haben ihm kein Haar gekrümmt, wo doch so viel von Folterungen im Gefängnis die Rede ist. Daß sie den Strelcyk auf der Zeche wohl nicht mehr nehmen, weil er gesessen hat, macht ihm nichts aus, weil er sowieso nicht mehr unter Tage arbeiten will. Der Vikar hat dafür gesorgt, daß er wieder in der Holzfabrik unterkommt, und ins Münsterland zu der Schwester vom Vikar könnte der Strelcyk auch jederzeit zurück.

Der Kaspar schreibt Karten aus Holland, er unterschreibt immer mit Rappsack, das zweite p und das c hat er wohl dazu erfunden, damit's wie ein echter Nachname aussieht. Es geht uns gut, schreibt er, und die Brieftauben kommen, sobald der Wind günstig steht.

Da muß der alte Kulla lachen, weil er ein Taubenvater ist, und was der Kaspar wirklich meint, ist ja nicht schwer zu erraten.

Wenn wir auch davongekommen sind, denkt Plascha, verloren haben wir trotzdem.

Natürlich haben die Arbeiter einiges erreicht. Aber daß die Arbeiter- und Soldatenräte aufgelöst werden, das bedeutet, daß vielleicht schon bald wieder die allein im Land zu sagen haben, die schon vor dem Krieg die Mächtigen gewesen sind.

„Was wir seit November erkämpft haben, das kann man uns schnell wieder wegnehmen", sagt der Wawciniak bekümmert.

„Was denkst du denn bloß immerzu und machst so ein böses Gesicht dabei?" fragt der August Plascha in der Pause auf dem Schulhof. „Mit dir ist ja bald nichts mehr anzufangen. Hör auf, dich zu ärgern. ‚Vorbei ist vorbei', sagt mein Vater, ‚wir machen schon noch mal richtig Revolution.'"

Richtig Revolution? Und wie wird das dann sein?

Der alte Kulla meint, daß die Arbeiter einfach noch lernen müssen, alle am selben Strick zu ziehen; aber das braucht Zeit und Geduld.

Und Geduld haben und warten, das fällt Plascha schwer.

Die Lisbeth, der August und der Rudi stehen um sie herum und sehen sie an.

„Heute wär so ein richtiger Tag für die Wieschermühle", sagt Lisbeth und blinzelt in die Sonne.

„Wir könnten am Schlammteich ein Stauwehr bauen", schlägt der August vor.

„Ja, gleich nach den Schularbeiten", sagt der Rudi begeistert.

Plascha weiß nicht, sie hat gar keine Lust, dabei ist sie noch vor kurzem so gerne in die Wieschermühle gegangen.

Sie fühlt sich auf einmal zu alt für solche Spiele.

„Also, sag schon", drängt Lisbeth, „kommst du auch?"

„Du mußt kommen", sagt der Rudi, und in seiner Stimme ist etwas, weswegen Plascha verspricht, daß sie mitmachen will.

Die Jungen sind schon da und haben Steine und Hölzer gesammelt, als Plascha und Lisbeth am Nachmittag kommen. Der August schnitzt ein winziges Schiff. Die Lisbeth hat recht gehabt, es ist so ein richtiger Tag für die Wieschermühle.

Und trotzdem kann Plascha nicht mitspielen wie früher, weil sie immer an andere Dinge denken muß.

Sie sieht die Sonne im Wasser glitzern, entdeckt die hellgrünen Blätter an Büschen und Bäumen, so grün wie der Charly die Bäume im Süden beschrieben hat, aber sie kann sich an gar nichts freuen. Die Enttäuschung sitzt in ihr drin wie ein dicker Brocken, der alles andere erdrückt.

„Wir brauchen noch viel mehr Holz", sagt der August und läuft schon mit Lisbeth am Ufer des Schlammteichs entlang, um Holz zu suchen.

Plascha setzt sich vor das halbfertige Wehr und starrt ins Wasser. Der Rudi, der den anderen nachgelaufen war, kommt zurück und setzt sich neben sie.

„Schön warm in der Sonne", sagt er leise.

„Spielst du ein bißchen?" fragt Plascha.

Der Rudi zieht seine Mundharmonika aus der Hosentasche und fängt an zu spielen. Seit dem Nachmittag am Kartoffelfeuer hat Plascha den Rudi noch nie ohne Mundharmonika gesehn, immer steckt sie in seiner Hosentasche. Er spielt nicht nur bekannte Lieder wie die Lisa auf ihrer Ziehharmonika, am liebsten denkt er sich selbst Melodien aus.

Plascha sieht den Rudi an. Er hat die Augen halb zu und spielt und spielt vor sich hin. Als wenn er weit weg wär, denkt Plascha, allein mit seiner Musik. Und doch sitzt er neben ihr, ganz nah sogar, und sie spürt seine Wärme, und es tut gut, so neben ihm zu sitzen und ihm zuzuhören.

Plascha merkt, daß der Brocken in ihr langsam kleiner wird und aufhört wehzutun. Und zum erstenmal, seit sie abends in der Küche vom alten Kulla geweint hat, fängt sie an, sich zu freuen.

Sie fühlt sich leicht, als ob sie auf Rudis Musik davonfliegen könnte. Auf einmal weiß sie wieder, daß der alte Kulla recht hat, daß man nicht aufgeben darf, wenn man von einer Sache überzeugt ist, trotz aller Enttäuschungen nicht.

Aus jeder Niederlage können neue Kräfte wachsen, hat er gesagt.

Und er ist schon so alt und hat viele Enttäuschungen erlebt, und seine Lunge ist kaputt, und oft kriegt er kaum Luft, nachts läuft er in der Wohnung rum und reißt alle Fenster auf, sagt der Kaspar. Trotzdem läßt der alte Kulla sich nicht kleinkriegen, er träumt noch immer von einer gerechteren Welt und macht den Jüngeren Mut, wenn sie nicht weiterwissen.

„Woran denkst du?" fragt der Rudi in ihre Gedanken hinein.

Plascha hat gar nicht gemerkt, daß er aufgehört hat zu spielen.

Sie richtet sich auf und guckt ihm ins Gesicht. Er hat Augen wie der Charly. „Daß der alte Kulla recht hat, wenn er sagt, daß man nicht aufgeben darf..., eben, als du gespielt hast, da ist's mir wieder eingefallen..., und ich weiß jetzt, daß es stimmt."

Plascha wird unsicher unter Rudis Blick.

„Denkst du noch oft an deinen Vater?" fragt der Rudi.

„Ja", sagt Plascha, „jeden Tag, und du?"

„Ich auch", sagt der Rudi, „und wenn ich traurig bin, spiel ich auf seiner Mundharmonika, das hilft. Aber du wartest immer noch, und Warten ist am schlimmsten, das weiß ich gut."

Und der Rudi rückt näher heran und legt einen Arm um ihre Schultern.

„Ich sag's nur dir", flüstert Plascha, „zu Hause kann ich's nicht sagen. Ich glaub nicht mehr, daß er kommt, jetzt nicht mehr."

Der Rudi nickt und läßt seinen Arm um Plaschas Schultern liegen. „Wenn ich spiele, dann denk ich oft, mein Vater sitzt neben mir und hört zu."

„Heute auch?" fragt Plascha.

„Nein", sagt der Rudi, „vorhin hab ich die ganze Zeit gewußt, daß du neben mir sitzt. Ich hab nur für uns beide gespielt, für dich und für mich."

Und dann gibt er Plascha einen Kuß. Seine Lippen sind ganz weich.
Plaschas Herz klopft laut.
Der Rudi nimmt wieder seine Mundharmonika und spielt, und diesmal ist es, als wollten die Töne tanzen, übers glitzernde Wasser vom Schlammteich und auf und davon.

„Ihr Faulpelze", schreien Lisbeth und August und schleppen ein schweres Stück Holz zwischen sich.
Plascha springt auf und rennt ihnen entgegen.
Und dann bauen sie den restlichen Nachmittag alle vier ihr Stauwehr zu Ende und lassen Schiffchen schwimmen.
Manchmal gucken Plascha und Rudi sich an, und Plascha versteht nicht mehr, warum sie in letzter Zeit so mutlos gewesen ist.
„Siehste", sagt der August zufrieden, „ist doch gut, so'n Nachmittag in der Wieschermühle."
Und dann singt Plascha ganz laut das Lied von der Bauernhochzeit, und Lisbeth und August gucken erstaunt, nur der Rudi nicht, der nimmt einen flachen Stein und läßt ihn übers Wasser tanzen.

Als Plascha nach Hause kommt, sitzen Mama und Lisa am Küchentisch, und Plascha sieht sofort, daß Mama geweint hat.
„Was ist los?" fragt Plascha. Sie will jetzt nicht wieder traurig werden.
„Die Lisa geht weg, nach Polen", sagt Mama.
„Ist das wahr?" fragt Plascha, „willst du das wirklich tun?"
„Ja", sagt die Lisa, „ich hab lange genug drüber nachgedacht. Die Arbeit in der Drahtfabrik ist auf die Dauer nichts für mich. Und in der Wohnung kann ich nicht

bleiben. Weißt du, ich möchte von vorn anfangen, muß ich ja auch, ohne den Franek. Und meine Tante hat geschrieben, daß sie im neugegründeten polnischen Staat tüchtige Leute brauchen, und daß ich sofort als Schneiderin anfangen kann."

Plascha versteht das, aber traurig ist es trotzdem.

„Schade", sagt sie, „wir haben dich alle so lieb."

Da fängt Mama wieder an zu weinen.

„Ich hab schon gefragt, ob ihr nicht mitkommen wollt", sagt die Lisa, „jetzt, wo es endlich wieder einen polnischen Staat gibt nach so vielen Jahren."

„Nein", sagt Plascha ohne nachzudenken, „nein, wir sind doch hier zu Hause." Sie ist selbst überrascht, als sie sich reden hört.

Stimmt das denn überhaupt? Sind sie hier zu Hause? Sind sie nicht immer die Fremden, die Pollacken geblieben?

Nein, sie weiß schon die Antwort. Wenn sie an die Jungen aus der Blücherstraße denkt und an Lisbeth und ihre Familie, an Fräulein Hölter und an die Kullas? Sie würden alle sagen, daß die Krawczyks hierhin gehören, da ist Plascha ganz sicher.

Und solche wie der Graute?

Manchmal kann man sie ändern und manchmal nicht, würde der Ötte sagen.

Aber von solchen Leuten darf man sich nicht ins Bockshorn jagen lassen.

„Würdest du denn gerne mitgehn, Mama?" fragt Plascha.

„Vielleicht", antwortet die Mama zögernd. „Manchmal hab ich immer noch Heimweh nach dem Dorf, nach den Feldern und nach dem Himmel ohne Schornsteine und Fördertürme."

Sie starrt einen Augenblick vor sich hin.

„Aber ihr, ihr seid alle hier geboren und aufgewachsen,

ihr könnt inzwischen besser deutsch als polnisch. Und die Franja und der Bolesch, die würden bestimmt nicht mitgehn wollen, genau wie du. Und dann..." Mama will nicht so recht weiterreden, aber schließlich sagt sie es doch: „Wenn der Ignaz nach Hause kommt..., vielleicht..., dann wird er uns hier suchen... Nein, es geht nicht, es geht aus vielen Gründen nicht, ich brauch gar nicht drüber nachzudenken."
Was hat der Rudi heute nachmittag gesagt? Warten ist am Schlimmsten.
Plascha wartet nicht mehr. Aber Mama?
Kann sie denn ihr Leben lang auf den Papa warten?
Plascha sieht Mama vor sich, wie sie immer wieder zu den Heimkehrern gegangen ist, um vielleicht doch etwas über Papa herauszufinden. Mama im Strohhut mit blauem Band, Mama am Bahnhof, immer im gebügelten Sonntagskleid unterm abgewetzten Mantel und mit frisch gewaschenen Haaren, wo doch das Haarewaschen so mühsam ist. Papa hat Mamas Haar gerne gemocht, den dicken, langen Zopf, rotbraun und glänzend wie Kastanien. Jetzt sind schon ein paar helle Fäden drin.
Plascha weiß, daß die Mama sich jeden Tag für den Papa schöngemacht hat, noch sorgfältiger als sonst, seit die Soldaten von überallher nach Hause gekommen sind. Der Krakowiak, der die Post austrägt, hat sich darüber lustig gemacht. Jetzt kommen schon längst keine Soldaten mehr, aber Mama wartet noch immer. Und die Kaffeebohnen, die der alte Kulla ihr geschenkt hat, die hebt sie auf für den Papa in einem fest verschlossenen Topf.
Mama guckt Plascha an, und als ob sie ihre Gedanken gelesen hätte, sagt sie leise: „Die Soldaten, bei denen ich gewesen bin, die haben mir von den schrecklichen Kämpfen in Frankreich erzählt. Ich weiß, daß es manchmal so viele Tote gab, daß niemand sie zählen konnte. Und das

Giftgas..., ich weiß das alles. Und trotzdem, wenn ich ihn mir vorstelle, so lebenslustig, wie er immer war, dann glaub ich immer noch, daß er eines Tages zurückkommt, ich hör nicht eher auf daran zu glauben, bis ich weiß, wo er begraben liegt."
Mama sagt nichts mehr und Lisa auch nicht.
Millionen Männer sind gefallen. So viele Frauen, die allein geblieben sind, so viele Mütter, die ihre Söhne verloren haben, denkt Plascha.
Und die Männer, die zurückgekommen sind, die Kriegsversehrten und die mit den Narben auf der Seele? Wie leben die jetzt?
So viele verlorene Träume.
Nie wieder Krieg. Wie hat Plascha mitgebrüllt im November und im Februar. Seit die Freikorpssoldaten geschickt worden sind, traut Plascha der neuen Regierung nicht mehr. Ob die wenigstens dafür sorgt, daß es keinen Krieg mehr gibt?
Das müßten doch alle begreifen, daß man Kriege nicht machen darf, Kriege, die den Menschen so viel Unglück bringen.

18. Kapitel

vom bösen Zauberer, vom Schellfischgerippe und wie der Ötte sich am Graute rächt, bevor er zum Pütt geht.

Zum erstenmal seit dem Herbst vor dem Krieg fahren Kirmeswagen durch die Stadt, denn ab Sonntag soll große Herbstkirmes sein.
Die kleineren Kinder sind ganz aus dem Häuschen, sie kennen Kirmes bisher nur vom Hörensagen. Plascha erinnert sich noch gut, und sie freut sich auf die Buden und Karussels, auf den Schweinemarkt und den Pferdemarkt, auf die Drehorgeln und den Geruch nach Fisch und gebrannten Mandeln.
Am frühen Sonntag nachmittag ziehen ganze Scharen von Kindern aus der Sedanstraße und der Blücherstraße auf die Kirmes, viele mit ihren Familien. Plascha, Felix, Lisbeth, Rudi und August gehen zusammen; der Felix kann gar nicht schnell genug auf die Kirmes kommen, er rennt mehr als er geht.
Und dann steht er staunend vor den Buden mit Lebkuchenherzen, Spielzeug und Zuckerwatte, vor Schieß- und Wurfbuden, vor der Schiffschaukel, dem Kettenkarussell und dem Todesrad.
Die Kinder haben Kirmesgroschen gekriegt, und besonders der alte Kulla hat ihnen tüchtig was dazugegeben. „Bringt ihr mir auch was mit?" hat er gefragt.
Die Karussels kosten alle fünf Pfennig die Fahrt. Der Felix reitet zweimal auf einem weißen Pferd im Kinderkarussel, das gefällt ihm am besten. Und Plascha und Rudi mögen die Schiffschaukel am liebsten.
Aber es macht auch Spaß, sich durch das Gedränge zu wühlen und einfach zu gucken, es gibt überall was zu sehen.

Die Pina kommt aus dem kleinen Zelt, in dem die Wahrsagerin sitzt.
„Hast du dir wahrsagen lassen?" fragt Plascha.
„Ja", sagt die Pina, „und stell dir vor, sie hat alles gewußt."
„Was hat sie denn gesagt?" fragt Plascha.
„Daß ich eine schlimme Zeit hinter mir hab, beinah fünf Jahre lang, aber daß das Schlimmste vorbei ist und langsam alles besser wird, und daß ich in ein paar Jahren heiraten und Kinder kriegen werde."
Plascha guckt den Rudi an, sie kann sich nur mit Mühe das Lachen verkneifen. Aber sie sagt nichts, sie will der Pina die Freude nicht verderben.
Der Felix faßt Plascha am Arm. Er zeigt auf ein Zelt mit großen bunten Buchstaben, vor dem sich eine Menge Kinder drängeln. „Was ist denn das für ein Zelt?" fragt er neugierig.
Plascha liest vor: „Der große Zauberer Simsalabim."
„Können wir da nicht reingehen?" fragt der Felix, „mal gucken, ob der so gut zaubern kann wie der Charly?"
Das Geld reicht noch, und außerdem haben sie drei Groschen übrig für einen geräucherten Schellfisch, den wollen sie dem alten Kulla mitbringen. Eine Frau mit Haaren fast bis zur Erde kassiert das Geld, ehe sie die Zeltplane hochklappt und die Kinder hineinschiebt.
Sie müssen sich erst daran gewöhnen, daß es im Zelt fast dunkel ist. Dann sehen sie den Zauberer. Er hat ein langes schwarzes Gewand an mit goldenen Sternen drauf und trägt einen spitzen Hut. Daraus zaubert er eine dikke Taube. Die setzt er sich auf seine Hand und flüstert mit ihr in einer Sprache, die die Kinder nicht verstehn. Da legt die Taube ein Ei auf seine Hand, und das Ei ist genauso schnell verschwunden, wie es gekommen war.
„Wo hab ich das Ei nun hingezaubert?" fragt der Zauberer mit seiner heiseren Stimme.

Aber niemand weiß es.
„Soll ich's euch verraten?“ fragt der Zauberer.
„Ja“, schreien die Kinder und sind gespannt.
„Offen oder geheimnisvoll?“ flüstert der Zauberer.
„Offen“, schreien die Kinder und warten darauf, daß der Zauberer ihnen seinen Trick verrät. Aber der wird fürchterlich böse. „Raus“, schreit er, und seine heisere Stimme klingt wie ein Krächzen, „raus, wenn ihr nicht mal wißt, daß Zauberei immer ein Geheimnis ist“, und er scheucht die Kinder allesamt aus dem Zelt, und die Frau mit den langen Haaren hilft ihm dabei.
„Das ist Betrug“, sagt Plascha böse, „dafür haben wir nicht bezahlt.“
„Komm lieber“, flüstert der Rudi, „der hat nicht alle Tassen im Schrank.“
„Der spinnt wirklich“, schimpft Lisbeth wütend, „warum hat er überhaupt so blöd gefragt?“
„Vielleicht kann er bloß den Trick mit der Taube“, sagt der Felix, „der müßte mal den Charly sehn!“
„So wie der Charly ist sowieso keiner“, sagt Lisbeth.
Sie lassen sich ihre gute Laune vom bösen Zauberer nicht verderben. Sie laufen noch ein paarmal über die Kirmes, dann kaufen sie den Schellfisch für den alten Kulla, der Verkäufer wickelt den Fisch fest in Zeitungspapier.
„Der riecht vielleicht gut“, sagt der Felix, „Plascha, laß mich doch mal beißen.“
Plascha zieht die Hand mit dem Fischpäckchen weg. „Wir können dem alten Kulla doch keinen angebissenen Fisch mitbringen“, sagt sie.
„Er würde bestimmt mit uns teilen“, sagt der Felix, „der alte Kulla gibt immer was ab, wenn er zu essen hat, das weißt du doch.“
Das stimmt. Und der Fisch riecht wirklich gut. Plascha wickelt ihn vorsichtig aus und riecht noch mal dran, dann hält sie ihn dem Felix hin.

Vorsichtig beißt er ab. „Schmeckt“, sagt er, „schmeckt sogar noch besser als er riecht.“
Die anderen wollen auch probieren, Lisbeth und August und Rudi, und Plascha kann nicht einfach bloß zugukken, sie beißt ein kleines Stück ab.
„Jetzt hab ich erst richtigen Hunger gekriegt“, sagt der Felix. Und dann beißen alle noch einmal ab, aber diesmal gar nicht mehr vorsichtig.
Plascha will von dem Fisch noch was retten, aber es ist schon zu spät, erschrocken wickelt sie das Zeitungspapier um den Schellfischrest.
„Und wie soll ich dem alten Kulla beibringen, daß wir seinen Fisch aufgegessen haben?“ fragt Plascha unglücklich.
„Wir gehen zusammen hin“, schlägt der Rudi vor, „schließlich haben wir alle mitgegessen.“

„Na, wie war's denn, ihr Kirmesgänger?“ fragt der alte Kulla freundlich, als sie alle fünf vor seiner Türe stehn.
„Schön war's“, sagt der Felix, „bloß der Zauberer, der war böse und hat uns rausgeschmissen, und ...“, er guckt die Großen fragend an, Plascha hält das Zeitungspäckchen in der Hand.
„Der Schellfisch“, sagt sie schnell, „wir haben ihn unterwegs aufgegessen.“ Sie mag den alten Kulla gar nicht angucken.
Warum sagt er denn nichts?
„Der Schellfisch?“ fragt er verständnislos.
„Wir sollten dir doch was mitbringen“, erklärt Lisbeth, „und da haben wir einen geräucherten Schellfisch gekauft. Und jetzt haben wir ihn selber gegessen, weil er so gut gerochen hat.“
„O jemineh“, sagt der alte Kulla und streicht sich über die Glatze, „das war doch nicht ernst gemeint. Ich geb

euch doch kein Kirmesgeld, damit ihr mir was kauft. Ich dachte, ihr hättet das gemerkt."
„Dann bist du nicht böse?" fragt Plascha und wickelt das Zeitungspäckchen aus. Nur das Gerippe ist übriggeblieben, ein Schellfischgerippe mit Kopf und Schwanz.
„Riecht immer noch gut", sagt der Felix und leckt sich die Lippen.
„Jetzt kommt erst mal alle rein", sagt der alte Kulla, „so ein Fisch muß doch schwimmen." Und er geht in den Keller und holt eine Flasche von seinem Johannisbeersaft, den gibt es nur an ganz besonderen Tagen. Zuletzt hat er welchen spendiert, als der Kaspar und der Charly aus Holland zurückgekommen sind.

Abends ist auf der Kirmes Tanz. Lisa, Franja und Bolesch wollen hin, und Ötte und Lodja auch; die beiden gehören jetzt schon mehr zu den Großen, weil sie im Herbst aus der Schule kommen, in wenigen Wochen.
Mama will nicht mitgehn, vielleicht tut es ihr zu weh, wenn sie daran denkt, wie lustig es auf der Kirmes immer mit Papa gewesen ist.
Aber sie erlaubt Plascha, noch einmal mit den Großen mitzugehn, denn abends ist es besonders schön auf der Kirmes. Und Lisbeth, Rudi und August dürfen auch noch einmal hin.
Die vier gucken an den Schießbuden zu und beim billigen Jakob, der unermüdlich sein Geschirr anpreist. Manchen Leuten macht es Spaß, mit ihm zu handeln. Zum Schluß kaufen die meisten doch nichts, die Zeiten sind nicht gut für den billigen Jakob, die Leute sind zu arm.
„Woll'n wir noch bei der Tanzbühne zugucken?" fragt Lisbeth.
Franja und Bolesch tanzen gerade, Lodja und Ötte sind nirgends zu sehn.
„Da hinten an dem Tischchen sitzt die Lisa", sagt der

August. Sie versuchen, zu Lisa durchzukommen, das geht nur ganz langsam in dem Gedränge.
Lodja und Ötte tauchen auch auf und schlängeln sich durch die vielen Leute, Lodja hat eine rote Rose aus Papier am Kleid, die hat der Ötte ihr sicher geschossen.
Da sieht Plascha im Gewühle den Graute. Ötte muß ihn im selben Moment entdeckt haben, denn sein frohes Gesicht wird mit einem Mal ärgerlich. Als sie sich treffen, sagt er: „Daß der Graute uns auch noch auf der Kirmes übern Weg laufen muß."
Der Graute scheint nicht mehr nüchtern zu sein, er bewegt sich ziemlich schwerfällig zwischen den Tischen hindurch. Und dann steuert er ausgerechnet auf den Tisch zu, an dem die Lisa sitzt.
Er bleibt vor ihr stehen, verbeugt sich und fragt: „Darf ich bitten, schöne Frau?"
„Nein, danke", sagt die Lisa eisig.
„Ach so", sagt der Graute mit einem Blick auf Lodja und Ötte, die inzwischen näher gekommen sind, „scheint wohl auch zu den Pollacken zu gehören, die Schöne, tanzt lange nicht mit jedem, guck sich das einer an! Auch noch stolz! Muß unbedingt so'n dahergelaufener polnischer Kumpel sein, was?"
Die Lisa wird rot vor Zorn.
Der Ötte scheint zu überlegen, was er machen soll, aber Franja und Bolesch kommen gerade von der Tanzfläche, Bolesch hat die letzten Worte gehört und sagt: „Nehmen Sie das sofort zurück, Sie haben kein Recht, uns zu beleidigen!"
„O Entschuldigung", sagt der Graute, „ich hab ja nicht wissen können, daß ihr so empfindlich seid." Er sagt das so übertrieben, daß jeder merken muß, wie höhnisch es gemeint ist.
Plascha könnte heulen vor Wut, sie sind alle wütend, dem Ötte und dem Bolesch sieht man an, daß sie den

Graute am liebsten verprügeln würden, aber die Lisa hat sich schon wieder gefangen und sagt: „Es lohnt nicht, hier zu streiten. Erstens ist er betrunken, und zweitens gehört er zu denen, die sowieso nichts dazulernen, das haben wir ja deutlich genug zu spüren gekriegt."

Der Graute läßt sich auf einen Stuhl am Nachbartisch fallen und bestellt sich ein Bier und einen Korn, er redet unaufhörlich vor sich hin.

„Gesocks", murmelt er halblaut, „zum Teufel jagen sollte man sie alle! Was haben die denn hier noch verloren, es gibt doch wieder einen polnischen Staat..."

„Ich hab keine Lust mehr, hierzubleiben", sagt Franja, „wollen wir alle nach Hause gehn?"

Der Graute hat seinen Korn gekippt und stiert vor sich hin.

Sie würden gern einen Riesenbogen um seinen Tisch machen, aber es ist zu eng hier, sie müssen an ihm vorbei.

„Im Frühjahr, das Freikorps und die Bürgerwehr", murmelt der Graute, „das waren Zeiten! Wir hätten viel gründlicher aufräumen sollen. Aber noch ist nicht aller Tage Abend, und mein Gewehr hab ich immer bereit."

„Habt ihr gehört?" fragt der Ötte, als sie am Graute vorüber sind, „sein Gewehr hat er immer bereit. Als ob wir Freiwild wären."

„Was hat er denn bloß davon?" fragt Plascha.

„Ich weiß nicht", sagt Lodja, „ich glaub, der braucht jemand, dem er alles in die Schuhe schieben kann, was ihm nicht paßt."

Niemand beachtet den Graute. Vielleicht, weil er betrunken ist, denkt Plascha, da nehmen sie ihn nicht ernst. Oder die Leute wollen einfach nicht gestört werden, sie sind auf die Kirmes gekommen, um sich zu amüsieren, Ärger haben sie in den letzten Jahren genug gehabt.

„...die deutsche Wacht am Rhein", singt der Graute halblaut vor sich hin.

Lisa bleibt kopfschüttelnd stehen. „Der gehört zu den ewig Kaisertreuen, da kann man nichts machen, der träumt sein Lebtag von einem starken Mann."
„Wenn er das alles nur im Suff sagen würde, wär's mir ja egal", sagt der Ötte, „aber der denkt auch so, wenn er nüchtern ist, der hält sicher seine Knarre bereit und wartet nur auf die nächste Gelegenheit, um mit uns aufzuräumen, wie er das nennt." Und dann bleibt der Ötte plötzlich mitten auf dem Heimweg stehn.
„Willst du noch mal zur Kirmes zurück?" fragt Plascha.
„Nee", sagt der Ötte, „der Graute hat mir den Spaß verdorben. Aber ich hab doch geschworen, daß ich mich an ihm räche, bevor ich zum Pütt geh. Ich hab bloß nie gewußt, wie. Die kleinen Streiche in der Schule, das war nichts. Aber jetzt weiß ich, was ich mach."
„Leg dich mit dem nicht an, das hat keinen Sinn", sagt Franja.
„Will ich auch nicht", sagt der Ötte, „ich hätte nur große Lust, bei ihm einzusteigen und zu gucken, wo er seine Knarre hängen hat, die ist bei dem nicht gut aufgehoben."
„Und wenn er dich erwischt und schießt?" fragt Lodja voll Angst.
„Der kann ja kaum noch geradeaus gehen", sagt der Ötte, „der ist doch sternhagelvoll."
„Ich weiß, wo der Graute wohnt", sagt der August.
„Ich auch", sagt der Ötte, „in der Lindenstraße, unten wohnen seine Schwester und sein Schwager, und oben wohnt er."
„Hat seine Schwester Kinder?" fragt Plascha.
„Nein", sagt der Ötte, „Kinder haben die nicht. Und der Graute ist Junggeselle. Ist vielleicht ganz gut, daß die keine Kinder haben, der Schwager war auch in der Bürgerwehr, die sind alle so verbohrt."

„Dann wohnen die zu dritt in einem Haus?“ Plascha staunt. „Haben die aber Platz!“
„Ich geh mit in die Lindenstraße“, sagt Lodja, „vielleicht kannst du Hilfe gebrauchen.“
„Ich auch“, sagen Plascha und Lisbeth wie aus einem Mund, und Rudi, August, Franja und Bolesch wollen auch mit.
„Ich glaub, bei so vielen Helfern bin ich überflüssig“, sagt die Lisa, „ich geh lieber in die Sedanstraße zu eurer Mama, damit sie nicht so alleine ist.“
„Wir können aber nicht als Trupp da ankommen, das ist zu auffällig“, sagt der Ötte, „am besten, wir kommen in drei Gruppen und aus verschiedenen Richtungen.“
Sie trennen sich. Franja und Bolesch und Lodja und Ötte gehen wie zwei Liebespaare, die sich gegenseitig nicht kennen und nicht achtgeben auf das, was um sie herum passiert.
Plascha, Lisbeth, Rudi und August bleiben zusammen, sie kommen als erste an.
Das Haus ist nicht besonders groß, aber weiß angestrichen und hat einen schönen Garten. Die ganze Straße wirkt wie ausgestorben.
„Die sind wohl alle auf der Kirmes“, flüstert Plascha.
„Der Männergesangverein hat heute abend auch noch ein Fest“, sagt der Rudi. August fühlt am Eingangstor, das ist verschlossen.
Die vier klettern einer nach dem anderen über die Mauer.
„Da oben das Fenster ist nur angelehnt, glaub ich“, sagt Lisbeth und starrt angestrengt auf ein Fenster im oberen Stock.
Jetzt sind Schritte vor dem Haus zu hören. Die Kinder ducken sich schnell hinter die Büsche.
Wieder steigen zwei über die Mauer. Es sind Lodja und Ötte.

„Es scheint niemand im Haus zu sein“, flüstert der Rudi.
„Und ein Fenster ist nicht richtig zu“, sagt Lisbeth und zeigt nach oben.
„Schaffst du’s da hoch?“ fragt Plascha den Ötte, „sonst machen wir ’ne Räuberleiter.“
Der Ötte hangelt sich schon an der Wand hoch, die Ziegelsteine eignen sich gut zum Klettern.
„Franja und Bolesch stehen draußen Schmiere“, sagt Lodja, und Plascha merkt ihrer Schwester an, wie aufgeregt sie ist.
Der Ötte ist inzwischen oben angekommen, drückt das Fenster auf und verschwindet in der Wohnung.
„Hoffentlich findet er die Knarre schnell“, sagt Plascha. Sie stehen dicht an die Hauswand gedrängt, Plascha, Lodja, Lisbeth, August und Rudi. Der Rudi ist so nah bei Plascha wie an dem Frühlingsnachmittag in der Wiechermühle. Und wieder klopft Plaschas Herz, diesmal auch aus Angst um den Ötte.
Es wird dämmrig, aber man kann noch einigermaßen sehn.
Plascha hat das Gefühl, der Ötte durchsucht die ganze Wohnung da oben. Wenn er das Gewehr gar nicht findet?
Ein Betrunkener geht draußen vorbei und grölt „Wir wollen unsern alten Kaiser Wilhelm wieder haben“. Zum Glück ist es nicht der Graute.
Endlich taucht Öttes Kopf wieder oben am Fenster auf. „Ich hab die Knarre“, flüstert er, „aber wie krieg ich sie runter, ohne Lärm zu machen?“
Im Handumdrehn steht Plascha im Unterrock da. „Wir nehmen mein Kleid wie ein Sprungtuch“, sagt sie leise, „du kannst die Knarre da reinfallen lassen.“
„Sie ist nicht geladen“, sagt der Ötte, „ich hab nachgesehen.“ Plaschas Kleid mit dem weiten Rock eignet sich

gut zum Auffangen, das Gewehr kommt ziemlich leise unten an.
„Aber wir können nicht so damit durch die Straßen laufen, das fällt auf“, sagt Lodja.
„Dreht euch mal um“, sagt Plascha. Sie zieht ihren Unterrock aus und streift sich schnell das Kleid über den Kopf.
Inzwischen ist der Ötte unten angekommen.
„Wir wickeln die Knarre in meinen Unterrock“, sagt Plascha.
Der Ötte nickt und nimmt das Gewehr.
Die Kinder schleichen sich zur Mauer und gucken an verschiedenen Stellen rüber. Sie müssen warten, es sind Leute unterwegs.
Auf der Kirmes ist wohl nicht mehr viel los, denkt Plascha. Hoffentlich kommt jetzt nicht der Graute, und seine Schwester und sein Schwager dürfen auch noch nicht nach Hause kommen.
Franja und Bolesch geben Zeichen, daß die Luft rein ist.
Bis auf den Ötte steigen sie alle schnell über die Mauer, der Ötte gibt ihnen das eingewickelte Gewehr rüber, dann klettert er nach.
Jetzt möchte Plascha am liebsten losrennen, nach Hause, um in Sicherheit zu sein, aber das würde viel zu sehr auffallen.
Lodja und Ötte gehen Arm in Arm und haben das Gewehr zwischen sich geklemmt. Vor ihnen gehen Franja und Bolesch und hinter ihnen Plascha, Rudi, Lisbeth und August.
Die beiden Jungen kommen nur mit bis um die nächste Ecke, weil sie auf den Graute warten wollen. Der Rudi läuft in die Blücherstraße und sagt seiner Mutter und Barkens Bescheid, der August will inzwischen ein günstiges Versteck für sich und Rudi suchen.

„Warum hast du so lange da oben gebraucht?" fragt Lodja den Ötte. „Hast du das Gewehr erst suchen müssen?"
„Gar nicht", sagt der Ötte, „das hing über seinem Bett, aber ich hab noch alle Schubladen und Schränke aufgemacht und ein bißchen drin rumgewühlt, damit es so aussieht, als wären echte Diebe dagewesen. Zehn Mark hab ich gefunden und mitgenommen."
„Das find ich nicht gut", sagt Lodja, „das Gewehr zu klauen ist schon in Ordnung, aber Geld?"
„Ich will's ja nicht behalten", sagt der Ötte, „ich geb's der Marie fürs Waisenhaus. Dem Graute tun die zehn Mark nicht weh. Unten bei seiner Schwester war ich auch, die Wohnungstür ist nicht abgeschlossen, genau wie beim Graute. Die schließen wohl nur die Haustür ab und das Gartentor. Bei der Schwester hab ich dann noch mal Dieb gespielt, aber nichts geklaut, nur Schränke und Kommoden aufgerissen, damit der Graute nicht gleich an uns denkt, wenn seine Knarre weg ist. Die werden alle drei ein bißchen aufräumen müssen."

Als sie nach Hause kommen, sitzen Mama und Lisa bei den Wawciniaks und warten schon.
„Alles gutgegangen!" Der Ötte legt das Gewehr auf den Tisch und wickelt es aus. „Prima", sagt der Wawciniak, „aber versteck den Ballermann lieber hinterm Hippenstall, falls der Graute euch verdächtigt und uns die Polizei auf den Hals schickt."
„Der hat wahrscheinlich gar nicht gemerkt, daß wir alles gehört haben, was der auf der Kirmes vor sich hingequasselt hat", meint Lisbeth.
„Vorsicht schadet nicht." Der Wawciniak drückt dem Ötte das Gewehr in die Hand. „So'n Schießeisen will ich nicht in der Wohnung haben. Pack es gut weg, hoffentlich wird es nie mehr gebraucht."

Eine halbe Stunde später kommen August und Rudi, sie können kaum erzählen, so müssen sie lachen.
„Schade, daß ihr nicht alle dabei wart", sagt der August, „das war zu schön. Zuerst blieb es eine Weile still in der Straße, dann ist der Rudi zurückgekommen, und gleichzeitig kam ein Mann mit einem Schäferhund vorbei. Er hat Dressurübungen mit dem Hund gemacht, hat immer wieder einen dicken Knüppel geschmissen, und der Hund mußte ihn zurückbringen."
„Inzwischen sind noch mehr Leute gekommen", erzählt der Rudi, „die Kirmes war wohl aus, und der Graute kam auch, aber mehr getorkelt als gegangen. Er hat in seinen Taschen gewühlt, bis er endlich seinen Schlüsselbund gefunden hat. Bevor er ins Haus ging, hat er erst noch in die Sträucher gepinkelt. Wir haben gewartet, was er jetzt wohl machen würde. Eine ganze Weile haben wir nichts von ihm gehört, bis er auf einmal geschrien hat: ‚Diebe! Diebe!', und etwas später: ‚Hilfe, mein Gewehr ist weg!' Und dann kam er plötzlich im Unterhemd und in langen Unterhosen auf die Straße gelaufen, der hatte wohl schon angefangen, sich auszuziehn, bevor er gemerkt hat, daß sein Gewehr weg war."
„Daß ihm das überhaupt so schnell aufgefallen ist in seinem besoffenen Kopp", sagt die Lene erstaunt.
„Das Gewehr hing direkt über seinem Bett, da guckt er wohl jeden Morgen als erstes drauf und jeden Abend, eh er ins Bett steigt", sagt der Ötte, „das kann ich mir bei dem gut vorstellen."
„Jedenfalls hat er rumgebrüllt, daß sein Gewehr weg ist", der August lacht wieder und erzählt dann weiter, „bis eine Frau gegenüber das Fenster aufgerissen und gerufen hat, er sollte die Kinder nicht aufwecken, und es wäre ein Mann vorbeigekommen, der hätte was getragen, das könnte gut ein Gewehr gewesen sein, so genau hätte sie's vom Fenster aus nicht gesehn, aber es hätte sich ange-

hört, als wenn der Mann das Dings in die Köttelbecke geschmissen hätte."
„Das Dings war kein Gewehr", sagt der Rudi, „das war der Knüppel, den der Mann mit dem Hund geschmissen hat, und der Graute ist so, wie er war, zur Köttelbecke gelaufen, das ist ja nicht weit, er konnte wieder gerade gehen, der Schreck hat ihn wohl nüchtern gemacht. Etliche Leute sind ihm nachgegangen, die waren neugierig geworden von seinem Geschrei. Wir sind auch mit, es war ja schon dunkel, er hat uns nicht gesehn. Und dann ist er barfuß in die Köttelbecke und hat drin rumgefischt, aber er hat nichts gefunden als den dicken Knüppel von dem Mann mit dem Schäferhund und einen kaputten Eimer. Der hat vielleicht geschimpft! Und wie der nach Jauche gestunken hat von der Köttelbecke, kann ich euch sagen, bestimmt zehn Meter gegen den Wind! Und dann ist er nach Hause gegangen und hat fast geweint um sein schönes Gewehr."
„Und die Leute haben ihn ausgelacht", sagt der August.
„Er hat aber auch Pech gehabt", meint der Rudi. „Auf dem Rückweg ist er den Männern vom Gesangverein begegnet, die kennen ihn ja alle. Der Sippel und der Kolpe gingen vorne, die haben vielleicht geguckt, als der Graute unter einer Straßenlaterne in Hemd und Unterhosen vor ihnen stand."
„Und der Rektor war auch dabei", erzählt der August, „der hat den Graute von oben bis unten gemustert und gesagt: ‚Aber Herr Graute, so sollte ein deutscher Beamter sich nicht in der Öffentlichkeit sehen lassen.'"
Der August muß wieder lachen, und die anderen lachen auch.
Nur der Ötte macht ein ernstes Gesicht. Es ist wohl nicht zum Lachen, wenn man acht Jahre lang so einen Lehrer hat, denkt Plascha.

„Mistkerl, der Graute", sagt die Lisa, „als er mich zum Tanzen holen wollte, hätte ich ihm am liebsten eine runtergehauen."

„Wenn der Sippel in seinem Bäckerladen erzählt, wie er den Graute heute abend angetroffen hat, das geht rum wie ein Lauffeuer", meint die Lene, „dann ist der Graute erst recht blamiert."

„Das hat er davon, daß er die Lisa beleidigt hat!" Der Bolesch ist richtig schadenfroh. „Dem hab ich schon lange gewünscht, daß er seine Gemeinheiten mal heimgezahlt bekommt."

„Und uns hat er den Tanz auf der Kirmes verdorben", sagt Franja. „Eigentlich müßten wir endlich mal wieder richtig feiern. Wie wär's mit einem großen Abschiedsfest für die Lisa, bevor sie nach Polen geht?"

Die Idee gefällt allen, und Plascha fängt sofort an, sich auszudenken, wer bei dem Fest mitmachen soll, und das sind eine ganze Menge Leute.

19. Kapitel

vom Abschiednehmen, und wie die Lisa noch einmal Ziehharmonika spielt.

Zu Lisas Fest kommen sie alle: die Wawciniaks und die Strelcyks und die Ziska Wischnewski mit ihren beiden Mädchen. Und die drei Kullas kommen und Lisbeth mit ihrer Familie und der Rudi mit seiner Mutter und die Barkens und Charly und Rumba und auch der Vikar.
Und der Felix schafft es, den Kalla mit dem großen Kopf in den Garten hinterm Haus zu holen, obwohl der Kalla sonst Angst hat vor so vielen Menschen.
Klärchen hat für die Lisa ein Paar blauweiße Topflappen gehäkelt, die ersten, seit sie weiß, daß ihr Vater gefallen ist.
Der August schenkt der Lisa ein geschnitztes Schiffchen und der Rudi ein Bild von Heinrich-Gustav, daran hat er die ganze letzte Woche gemalt, der Förderturm ist am schönsten geworden.
Die meisten bringen was zu essen oder zu trinken mit. Die Rosa hat eine Schaumtorte gemacht, aus was, das verrät sie nicht, die Torte schmeckt süß und ist rosa mit hellgrünen Tupfern.
Der alte Kulla hat wieder mal echten Kaffee aufgetrieben.
Plascha und Lodja haben Mama geholfen, den Teig für mehrere Bleche Streuselkuchen zu machen, die Ziska und die Mimi Hönnes und die Barkens haben Zutaten beigesteuert, und der Bäcker Sippel hat die Kuchen gebacken.
Franja und Bolesch waren seit ein paar Tagen dabei, alles für das Fest zu organisieren, und aus Holzkisten und Brettern haben sie Bänke im Viereck aufgestellt auf der

Wiese, auf der sonst die Frauen im Sommer ihre Wäsche aufhängen oder zum Bleichen in die Sonne legen.
Als Mama den Streuselkuchen aufschneidet und die Lene den Kaffee aus der großen Kaffeekanne ausschenkt, die sie in der Wirtschaft auf dem Hellweg extra für heute ausgeliehen hat, da sagt die Lisa: „Wie bei einer Beerdigung." Das soll eigentlich nur ein Spaß sein, aber Plascha hat das Gefühl, daß die Lisa gar nicht gerne weggeht von hier, sonst sähe sie nicht so unglücklich aus. „Am liebsten würde ich euch alle mitnehmen nach Polen", sagt sie und wischt sich mit der Hand über die Augen.
„Wenn sie nicht gut zu dir sind, die Pollacken da drüben", sagt der Gustav Barken und grinst dabei den Bolesch an, „dann schnürst du eben noch mal dein Bündel und kommst zu uns zurück."
„Das geht nicht mehr so leicht", sagt die Lisa, „wo es doch jetzt zwei verschiedene Staaten sind. Ich hab mich für Polen entschieden, und das werd ich wohl nicht mehr ändern können."
„Ach, was redet ihr denn", ruft der Charly, „dann hol ich dich eben bei Nacht und Nebel über die Grenze, ich hab ja inzwischen Übung darin."
„Klebst du mir auch einen blonden Schnurrbart an?" fragt die Lisa und kann schon wieder lachen.
„Mal sehn", sagt der Charly, „vielleicht fällt mir für dich was Besonderes ein", und er bindet dem Rumba die bunte Halskrause um.
Der Felix übt hinter den Stachelbeersträuchern die Lieder, die er nachher auf seiner Mundharmonika für die Lisa spielen will.
„Jetzt eßt mal euren Kuchen auf, sonst verschluckt ihr euch vor Staunen", ruft die Franja. „Charly und Rumba zeigen ihr neues Zirkusprogramm."
„Zirkus bei uns im Garten", sagt Lodja, „ist das nicht toll?"

Und die beiden Künstler müssen zum Schluß noch mehrere Zugaben bringen, ehe das stürmische Publikum endlich Ruhe gibt.

„Jetzt bist du dran", sagt die Mama später zu Lisa, „heute mußt du Ziehharmonika spielen, daß es für die nächsten Jahre reicht."
Und die Lisa spielt, sie spielt deutsche und polnische Lieder, oft singt jemand mit, und manchmal singen alle zusammen, einige tanzen auch: Franja und Bolesch und Lodja und Ötte und Pina mit Hannchen.
Plascha will mit Rudi eine Polka tanzen.
„Das kann ich nicht", sagt er, „ich hab doch noch nie getanzt."
„Ich zeig's dir", sagt Plascha, „wo du so musikalisch bist, lernst du's sicher ganz schnell."
Sie nimmt den Rudi bei der Hand und zeigt ihm die Schritte, und er begreift alles sofort. Und die Lisa spielt, und Plascha und Rudi hören nicht auf zu tanzen, bis ihnen schwindelig wird.
Sie setzen sich neben den alten Kulla auf die Bank.
„Macht Spaß, euch zuzugucken", sagt er, „mein Gott, was hab ich früher gerne getanzt, und meine Luise auch."
„Fehlt sie dir sehr, deine Luise?" fragt Plascha.
„Manchmal schon, wenn auch nicht zum Tanzen", sagt der alte Kulla, „dazu hab ich schon lange keine Puste mehr. Aber so ganz ist sie nie aus meinem Leben verschwunden, die Luise, wenn ich alle Tage an sie denke und mit ihr rede...", er lächelt vor sich hin, „sogar laut, wenn ich weiß, daß niemand mich hört..., dann..., dann ist sie doch noch irgendwie da, oder nicht?"
Plascha und Rudi sehen sich an.
„Ich weiß, was du meinst", sagt der Rudi, „ich glaub auch, daß mein Vater oft bei mir ist, besonders, wenn ich

Mundharmonika spiel, und ich red in Gedanken mit ihm und frag ihn um Rat."

„Ich auch", sagt Plascha, „und dann hab ich den Papa vor mir, wie er ausgesehn hat da an der letzten Ecke vorm Bahnhof, bevor er an die Front gekommen ist, und ich weiß noch genau, wie die Äpfel in dem Pappkarton gerochen haben, die ich für ihn blankpoliert und eingepackt hab."

„Das nimmt dir keiner weg", sagt der alte Kulla.

Plascha nickt. „Ich weiß, aber ich mach mir Sorgen um Mama. Sie kann sich nicht vorstellen, daß Papa einer der vielen Gefallenen von der Westfront sein könnte, von denen man nicht mal die Namen weiß. Sie wartet immer noch, daß er wiederkommt. Und jetzt geht die Lisa weg, und die ist Mamas beste Freundin."

„Vielleicht kannst du deiner Mama helfen", sagt der alte Kulla.

„Helfen?" fragt Plascha. „Und wie?"

„Vielleicht lernt sie von dir, daß nur die Menschen wirklich von uns weggehn, die wir vergessen."

Plascha guckt den alten Kulla nachdenklich an.

„Los, ihr zwei", sagt er und schubst Plascha und Rudi beinah von der Bank, „jetzt geht endlich wieder tanzen, wir haben lange genug über ernste Dinge geredet."

Und diesmal nimmt der Rudi Plascha bei der Hand, und sie tanzen um das Viereck mit den Bänken herum, und der Charly zaubert eine himmelblaue Papierblume aus Rumbas Nase, ellenlang, und schenkt sie der Lisa zum Abschied, und der Bolesch wirft Franja in die Luft und fängt sie wieder auf, und Lodja und Ötte flüstern miteinander, und der Strelcyk gibt der Rosa einen Kuß aufs Ohr, und der Karl beschmeißt die Fine mit Kletten, „da, da", sagt der Kalla laut vor sich hin, und der Wawciniak erzählt vom Stanis Gruscyk, dem stärksten Mann in der

Provinz Posen, der alles entzwei gekriegt hat, Baumstämme und dicke Eisenketten, und von Mitka erzählt er, die vierundzwanzig Kinder hatte und immer noch aussah wie ein junges Mädchen, mit zwei dicken, langen Zöpfen, und keine in der ganzen Provinz konnte tanzen wie sie, und der Vikar und der Kaspar reden von der Front, und die Lisa spielt das Lied von der Bauernhochzeit dreimal hintereinander, und Mama hat den Felix auf dem Schoß und singt mit, und Plascha und Rudi tanzen immer noch, und der alte Kulla guckt ihnen zu, und die Sonne geht unter hinter den Ställen, und von Heinrich-Gustav hört man die Schachtsirenen, und überm Stahlwerk der Feuerschein hängt als Fackel bis in den Himmel und macht es im Garten hell.

Zeittafel

1914	28. 6.:	Ermordung des österreichisch/ungarischen Thronfolgers in Sarajewo/Serbien
	27. 7.:	Österreich/Ungarns Kriegserklärung an Serbien
	1. 3. – 3. 8.:	Deutschland (Bündnispartner Österreich/Ungarns) erklärt Rußland u. Frankreich den Krieg, Mobilmachung
	4. 8.:	Einstimmige Bewilligung der Kriegskredite im dt. Reichstag
1915	– erster Einsatz von Giftgas durch dt. Militär	
	– steigende Versorgungsschwierigkeiten in Deutschland	
	– hohe Gewinne i. d. Rüstungsindustrie	
1916	1. 5.:	Antikriegsdemonstration der Spartakusgruppe (gegründet von Anhängern der SPD aus Protest gegen Kriegspolitik des Parteivorstandes)
	5. 11.:	Errichtung eines Königreichs Polen
1917	– „Steckrübenwinter“ 1916/17: Höhepunkt der Nahrungsmittelkrise, viele Tote.	
	1. 2.:	Deutschland erklärt den uneingeschränkten U-Bootkrieg
	6. 4.:	Ostern: Gründung der USPD Kriegserklärung der USA an Deutschland
	7. 11.:	Sieg der Oktoberrevolution in Rußland

1918	3. 3.:	Friede zwischen Sowjetrußland und Deutschland
	3. 11.:	Aufstand der Kieler Matrosen
	9./10. 11.:	Ausrufung der Republik in Berlin, Ebert Reichskanzler mit Vorsitz im Rat der Volksbeauftragten, Abdankung und Flucht Wilhelms II.
	November:	Bildung von Arbeiter- und Soldatenräten in ganz Deutschland, auch im Ruhrgebiet
	11. 11.:	Gründung der Republik Polen
	16. – 20.	Kongreß der Arbeiter- und Soldatenräte, Mehrheit gegen Räterepublik, daraufhin Austritt der USPD aus dem Rat der Volksbeauftragten
	30. 12. – 1. 1.:	Gründungsparteitag der KPD
1919	5. 1.:	Gründung der Deutschen Arbeiterpartei (später NSDAP)
	15. 1.:	Rosa Luxemburg und Karl Liebknecht in Berlin ermordet
	19. 1.:	Wahlen zur Nationalversammlung (SPD, Zentrum und Deutsche Demokratische Partei erreichen Mehrheit)
	15. 2.:	Höhepunkt der blutigen Ausschreitungen des Freikorps' „Lichtschlag" im Ruhrgebiet
	Februar/ März/April:	Generalstreiks im Ruhrgebiet, schließlich „Belagerungszustand"
	28. 6.:	Unterzeichnung des Versailler Friedensvertrages
	31. 7.:	Annahme der Weimarer Verfassung